U0938592

职业教育民航运输类系列教材

# 民航运输导论

吕　雄　主编
施筱礼　主审

科学出版社
北　京

## 内 容 简 介

本书按照旅客乘机流程所涉及的客票销售、办理乘机手续、民航安全检查、客舱服务、托运行李提取等民航职业岗位群分布及各岗位职业能力要求，将内容分为民航客运销售业务、民航旅客抵离港业务、民航安全检查业务、民航客舱服务与安全管理、民航货运员岗位知识和载重与平衡业务知识六部分，全面、系统地阐述了整个民航运输的情况，为后续学习民航专业化课程打下坚实的基础。

本书既可作为中职、高职民航类院校航空运输类专业的教材，也可供民航企业员工培训使用。

**图书在版编目（CIP）数据**

民航运输导论 / 吕雄主编. —北京：科学出版社，2020.3

（职业教育民航运输类系列教材）

ISBN 978-7-03-064665-1

Ⅰ. ①民… Ⅱ. ①吕… Ⅲ. ①民航运输－教材 Ⅳ. ① F56

中国版本图书馆 CIP 数据核字（2020）第039625号

责任编辑：高立凤 / 责任校对：马英菊

责任印制：吕春珉 / 封面设计：东方人华平面设计部

科学出版社 出版

北京东黄城根北街16号

邮政编码：100717

http://www.sciencep.com

三河市骏杰印刷有限公司印刷

科学出版社发行 各地新华书店经销

*

2020 年 3 月第 一 版 开本：787×1092 1/16

2024 年 1 月第三次印刷 印张：11 1/4

字数：252 000

**定价：68.00 元**

（如有印装质量问题，我社负责调换〈骏杰〉）

销售部电话 010-62136230 编辑部电话 010-62135120-2019（VF22）

# 职业教育民航运输类系列教材编写指导委员会

# 前　言

PREFACE

改革开放以来，我国民航事业取得了举世瞩目的巨大成就。目前，我国既是全球主要的旅游目的地国家，也是全球增长最快的旅游客源输出国。乘坐飞机已经成为很多人日常出行的主要交通方式之一。未来几十年里，我国作为人口大国，航空市场需求与发达国家相比，还将处于快速增长期，民航旅客运输量、民航机队规模、机场数量均将继续增加。基于提高机场运行效率和提升服务品质的考虑，民航业的发展对高素质从业人员的数量的需求必将持续上升。

民航专业学生作为准民航从业人员，在上岗之前熟悉民航运输服务行业的岗位要求及操作流程，将为后续学习专业课程打下坚实的基础。

本书遵照“做中学”的思想，采用案例教学方式，要求学生从知识和技能两个方面开展学习，在掌握知识和技能的过程中获得基本的职业能力，并培养服务意识，提升服务品质。本书文字浅显易懂、图文并茂，有助于学生自主学习。

本书在每一章的开始都设置了课前导读、学习目标，在每一节中根据学习内容的情况安排了案例导入、知识加油站及小贴士等内容，在每一章章末都设置了本章小结和本章练习题。

本书提倡学生自主学习，强调“做中学，学中做，做学一体”。在达到民航各个服务岗位基本要求的同时，习得相应的服务技能，增强服务意识。

本书由上海市航空服务学校高级讲师、中国航空运输协会国内客运教员吕雄担任主编，由中国东方航空股份有限公司上海保障部原副总经理施筱礼担任主审。具体编写分工如下：第一章由包文宏编写，第二章由吕雄编写，第三章由姜爱军编写，第四章由刘媛媛编写，第五章由冯卫文编写，第六章由施筱礼编写。在编写本书的过程中，编者还得到了中国东方航空股份有限公司业务执行部副总经理蔡泳和上海民航职业技术学院相关教师的大力帮助，在此一并表示衷心的感谢。

由于编者水平有限，加之时间仓促，书中难免有疏漏及不妥之处，恳请广大读者批评、指正。

编　者

2019 年 10 月

CONTENTS

# 第一章 民航客运销售业务

## 课前导读

民航运输服务不同于一般的服务型行业，无论是民航旅客运输，还是货物运输，它们都是从A点到B点的位置移动，看似简单，但在实际运作过程中并非如此。民航运输服务是一个系统工程，不是某一个部门或岗位能够独立完成的，需要各个服务环节（部门）的人员相互配合，才能顺利完成民航旅客、货物的运输业务。其中，民航客运销售作为旅客运输服务的首要服务岗位，在整个旅客运输过程中起着至关重要的作用。因此，客票销售工作做得好不好，直接影响着旅客的后续旅行。本章内容包括客票销售渠道、民航旅客运价和购票证件与电子客票知识。

## 学习目标

**知识目标**

识记客票销售渠道；识记民航旅客运价种类、旅客购票证件种类；了解电子客票使用的一般规定；电子客票的票面信息。

**技能目标**

根据旅客情况会计算民航旅客运价；能够阅读并解释电子客票的票面信息。

# 第一节 客票销售渠道

旅客杨国庆、王德美夫妇二人带着10岁的儿子杨洋准备乘飞机回成都老家探亲。因为他们从来没有坐过飞机，不知道怎样购买机票，于是便向朋友咨询：有的说给航空公司打电话咨询；有的说可以直接在去哪儿网或携程旅行网上购买；有的说拿现金去机场购买才最靠谱。那么，第一次乘飞机出门的一家三口究竟该怎么做呢？

随着电子客票的使用和互联网的普及，以及消费观念的转变，越来越多的消费者开始采用网上支付等手段进行购票。这些都使民航客票的销售渠道及销售方式发生了变化。目前，国内客票销售渠道主要有售票处、呼叫中心、互联网和移动终端四种。

## 一、售票处销售渠道

售票处（图1-1）是指在固定的对公众开放的营业场所从事客票销售及相关服务。售票处由航空公司自营或者其授权的销售代理人经营。售票处的最大特点是可以为消费者提供面对面的服务，这是其他销售渠道所不具备的。面对面服务的真实感会给消费者带来全方位的服务体验，这种体验将有助于提高销售方对消费者的黏性，吸引其再次前来购票。同时，售票处也是航空公司和销售代理人展示自身形象和实力的最佳平台，对其整体形象的提升有重要的促进作用。

图1-1 售票处

随着民航客票步入电子化时代，适合原有纸质客票进行国内客票销售的售票处受到了巨大的挑战，售票处销售渠道的销售份额不断降低。不过，航空公司直属售票处通常可以处理线上无法涵盖或者交易成本较高的业务，这部分个性化很强的业务是无法用其他方式来有效解决的。因此，售票处销售渠道无法被完全取代。

## 二、呼叫中心销售渠道

呼叫中心（图1-2）最初形成于航空公司的电话客服中心，随着移动电话的日益普及，航空公司纷纷推出了电话服务平台，用于为购票旅客提供各种信息和业务办理服务。由于销售流程的逐渐简化、支付方式的轻松便捷，特别是电子客票的全面推行，航空公司开始意识到呼叫中心是跨过销售代理层面直接将客票销售给终端消费者的重要销售渠道。目前，呼叫中心被航空公司赋予更多职能，除了国内、国际机票的销售

图 1-2　呼叫中心

外，还包括客票退改签、新产品促销、常旅客服务等功能。

不仅航空公司重视呼叫中心销售渠道，机票销售代理更是依靠此种销售渠道。例如，作为中国在线旅行代理商的携程旅行网，在通过发放会员卡积累目标客户的同时，也在积极构建其呼叫中心。例如，携程旅行网在江苏南通建立了近 2 万个座席的呼叫中心，全国各地的机票业务、订房业务都可以经呼叫中心通过信息技术在后台统一处理，机票的出票时间和价格、酒店的预约时间和价格，甚至员工的服务质量也都能得到监控。

呼叫中心是目前机票销售领域中重要的渠道之一。

## 三、互联网销售渠道

互联网销售渠道是民航客票电子化后的必然产物。以互联网技术为代表的信息技术的快速发展改变着世界传统经济模式，当民航客票销售跟信息技术结合就产生了航空电子商务这一新型的渠道模式，即互联网销售渠道。从纸质客票到电子客票，从中航信代理人系统（computer reservation system，CRS）到全球分销系统（global distribution system，GDS），从机票销售总代理（general sales agent，GSA）到机票竞价平台，这都是信息技术给机票销售领域带来的改变。目前，基于电子客票工具利用互联网技术，形成了一系列航空客票销售模式。

### 1. B2B、B2C 直销模式

B2B、B2C 航空客票销售模式是指旅客可以在互联网上轻松地完成电子客票的预订、支付、出票、值机等，航空公司极大地降低了销售成本。

**知识加油站**

**B2B、B2C 与 C2C 模式**

在互联网交易中，主要有三种模式：B2B、B2C、C2C。

B2B，即 business to business，是指供应商与需求商之间的直接交易。现在的阿里巴巴就属于这种模式，阿里巴巴只是在中间提供了一个交易平台，并不提供实质的商品。

B2C，即 business to customer，是指商家与客户之间的交易。这种模式类似于实际的销售过程，此模式广泛应用于网上书店，如当当网等。

C2C，即 customer to customer，是指客户与客户之间的点对点交易。网站只是提供一个交易平台收取一定的交易费用，如淘宝网、易趣网等。

### 2. OTA 分销模式

以携程旅行网为例，OTA（online travel agency，在线旅游运营商）分销模式通过保证信息在各地酒店、航空公司和消费者之间顺畅地流通，经携程旅行网的呼叫中心通过信息技术在后台统一处理后，完成全国范围内的酒店和机票产品的预订，以此来获取代理销售佣金的商业模式。这种模式的典型代表是携程旅行网、艺龙旅行网等。

### 3. 竞价平台模式

现在国内主流的竞价平台大概有十多家，各个平台的产品和营销模式都很相近。首先，吸引全国各地区大型代理企业上线作为供应商，由供应商提供查询订座配置接口，并且提供销售代理费政策；其次，广泛吸引全国代理企业，以及更多的上线采购商；最后，平台通过支付宝等在线支付工具，完成供应商和采购商的结算、出票全过程。这种模式的典型代表是票盟、51BOOK 等。

### 4. 垂直搜索引擎模式

垂直搜索引擎是针对电子商务的专业化采购产品而设计的，其主要功能是采集、整理和挖掘海量的在线商品信息和商家信息，把不同家网站的相同产品综合比较，包括价格比较和用户客观评论比较，最终得到性价比最高的产品，向消费者在线提供精准的商品挑选和商家选择等功能。这种模式的典型代表是去哪儿网、酷讯网等。

## 四、移动终端销售渠道

现在全球移动互联网用户数量已超过 PC（Personal Computer，个人计算机）互联网用户。在 2008 年全面实现客票电子化后，机票销售成为最快上线并迅速电子商务化的旅游类产品。不难预测，机票销售现在的主流是互联网销售渠道，未来的主流是移动终端销售渠道。机票同酒店、邮轮、旅游、会展、租车等其他综合旅游类细分市场产品相比，是业内公认的最容易被标准化的产品。

众多民航客票销售应用软件的上线，给客票销售线上交易模式提供了全新的承接载体。移动互联网的社交平台微信正逐步成为航空公司和 OTA 的又一项营销利器。

2013 年 2 月 26 日，春秋航空在国内推出微信订机票服务，这在国内航空公司中尚属首家。春秋航空的官方微信平台还包含各类客户服务功能，旅客不仅可以查询航班动态，就连在航班上不慎遗失物品，都可以通过“微信”联系春秋航空。

以微信平台为移动终端的销售渠道（图 1-3）将成为国内机票竞价平台、机票销售垂直搜索引擎之后的下一个“蓝海”。

图 1-3　微信订票服务

综上所述，在今后相当长的一段时间内，以上四种客票销售渠道仍将并存，新的销售渠道正在形成中。在不久的将来，定会出现综合四大销售渠道各自优势的民航客票销售跨界式综合平台，让我们共同期待。

### 知识加油站

#### 在线旅游行业报告：中国在线机票市场增长稳健（摘要）

1. 旅游行业在线化率迅速提升

中国整体旅游行业规模体量较大，已保持每年稳定增长，与此同时，随着供需两端的互联网化程度均迅速提升，旅游的在线化率将持续快速提升。在目前旅游各细分市场中，机票、火车票市场的在线化程度已达到较高水平，住宿和度假的在线化程度仍有较大的发展空间。

2. 在线机票市场增长稳健

2017 年，中国在线机票市场交易规模达 4809 亿元，较 2016 年增长 27.1%；同时市场呈现为机票预订更加多元化且线上发展趋于成熟。在直销及 OTA 分销的在线渠道之外，近几年出现的小程序预订渠道对机票在线化率的进一步提升也起着较大影响作用。

（资料来源：艾瑞咨询，2019．在线旅游行业报告：中国在线机票市场增长稳健 [EB/OL].（2019-01-04）[2019-04-01]. http://news.carnoc.com/list/476/476699.html.）

# 第二节 民航旅客运价和购票证件

## 案例导入

在朋友的帮助下，杨国庆在购票网站上找到了时间较为合适的航班。可是面对这么多不同的票价，他觉得眼花缭乱，有点儿不知所措。而且朋友告诉他，如果他选择最便宜的860元票价的话，他10岁儿子杨洋的票价反而比他们夫妇二人的还要贵。这让杨国庆想不明白，怎么孩子的票价比大人的票价还要贵呢？

民航旅客运价是指旅客由出发地机场至目的地机场的航空运输价格，不包括机场与市区之间的地面运输费用。民航旅客运价以人民币10元为计算单位，航空公司收取或支付的任何其他费用均以元为计算单位，尾数一律四舍五入。

## 一、民航旅客运价种类

### 1. 服务等级运价

服务等级是指为旅客提供服务的等级，按照提供服务的等级不同制定不同的票价。国内航线旅客运价一般分为三个服务等级：头等舱票价（代号F）、公务舱票价（代号C）和经济舱票价（代号Y）。

（1）头等舱（公布）票价

头等舱是航空公司为了适应某些旅客对座位和服务的需求，在飞机客舱布置了较公务舱更宽敞舒适的座椅（图1-4），提供高标准的饮食和客舱服务的一种等级舱位。同时，头等舱旅客还享有专门的值机柜台和候机楼休息室（图1-5）。国内航线头等舱（公布）票价原来为经济舱（公布）票价的150%，2010年中国民用航空局（以下简称中国民航局）放开国内航线头等舱、公务舱票价后，由各航空运输公司自行确定，目前不同的航空公司在同一航线上的头等舱（公布）票价有可能不同。

图1-4 头等舱座位

图1-5 候机楼休息室

（2）公务舱（公布）票价

公务舱是航空公司为了适应公务旅客对座位和服务的要求，在飞机客舱布置了较经济舱更舒适的座椅，服务标准更高，但比头等舱服务标准略低的一种等级舱位（图 1-6）。同时，公务舱旅客也享有专门的值机柜台（图 1-7）和候机楼休息室。国内航线公务舱（公布）票价原来为经济舱（公布）票价的 130%，现在价格也已放开，但是价格低于头等舱，高于经济舱。

图 1-6　公务舱座位

图 1-7　头等舱、公务舱值机专区

（3）经济舱（公布）票价

经济舱公布票价是对外公布的经济舱单程散客成人全票价，是国内航线客票价的基础票价。

知识加油站

**多等级舱位运价**

航空公司根据市场的不同需求及取得收入的最大化，在同一舱位服务等级的公布运价基础上，通过对运价附加（如出票付款时限、签转、更改、退票等）适用的限制条件，制定出多个价格依次递减的子舱位运价。

多等级舱位（包括子舱位）运价代号：① F（头等舱）：P、F、A；② C（公务舱）：C、J、D；③ Y（经济舱）：Y、K、B、E、H、L、M、N、R、S、V、T。

### 2. 航程方式对应运价

（1）单程票价

单程票价（图 1-8）是指不构成完全的来回程、环球程或其他使用 1/2 来回程运价的缺口程的票价。

图 1-8 单程票价

（2）来回程票价

来回程票价（图 1-9）是指旅行从一点始发，经某一折返点，再回到原出发点，并且全程使用航空运输的航程票价。

（3）联程票价

联程票价（图 1-10）是指列明两个（含）以上的航班的客票票价。联程票价是将多个航段的票价分段相加后作为全程票价。

图 1-9 来回程票价

图 1-10 联程票价

**小贴士**

### 经停点和中转点

经停点（图 1-11）是指除出发地和目的地以外，在客票中所列明或在承运人的航班时刻表中所公布的航班预定停留点。

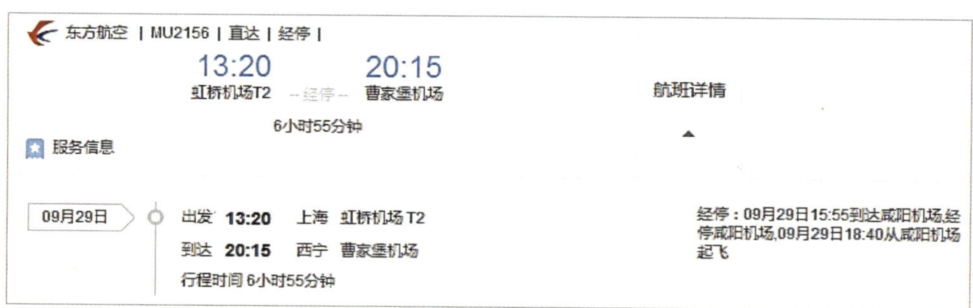


图 1-11　经停点

中转点（图 1-12）是指中转旅客换乘航班的地点。

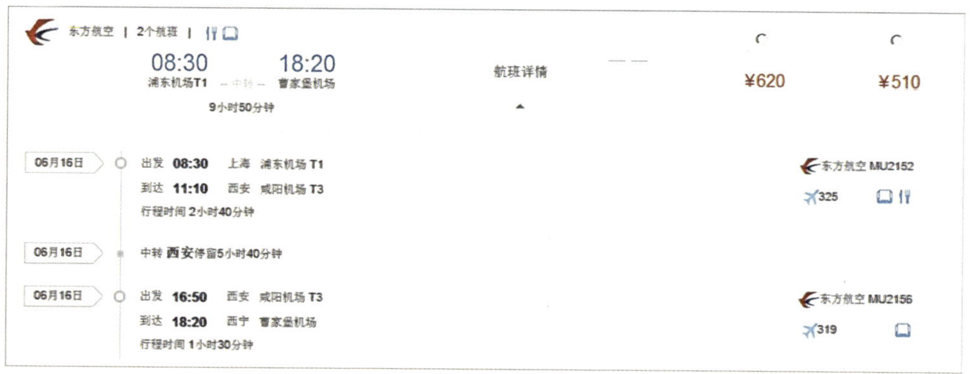


图 1-12　中转点

（资料来源：中国标准委员会，2014．民用航空旅客运输术语：GB/T 18764—2002[S]．北京：中国质检出版社．）

知识加油站

## 民航发展基金标准

航空旅客缴纳民航发展基金的标准如下：

- 乘坐国内航班的旅客每人次 50 元；
- 乘坐国际和地区航班出境的旅客每人次 90 元（含旅游发展基金 20 元）。

符合下列条件之一的航空旅客免征民航发展基金：

- 持外交护照乘坐国际及地区航班出境的旅客；
- 年龄在 12 周岁以下（含 12 周岁）的乘机儿童；
- 乘坐国内支线航班的旅客。

（资料来源：搜狐财经，2018．燃油附加费调整最新消息：6 月 5 日起航企复征燃油附加费 [EB/OL]．（2018-06-05）[2018-10-08]. https://www.sohu.com/a/234127462_426502.）

### 3. 儿童、婴儿运价

1）儿童按成人票价的 50% 购儿童票，提供座位。

2）婴儿按成人票价的 10% 购婴儿票，不提供座位。如需单独占座，应购儿童票。

每一名成年旅客携带超过一名婴儿时，超过的人数应购买儿童票，提供座位。但每一名成年旅客最多可携带两名婴儿。

例如，某旅客携带双胞胎婴儿，欲购买武汉—烟台的 Y 舱客票，票价 830 元。该旅客及其所带两名婴儿共付票款如下。

旅客本人：830 元

其中一名婴儿付 10% 票价：830 × 10%=83　进整为 80 元

另一名婴儿付 50% 票价：830 × 50%=415　进整为 420 元

需付票价：1330 元

需付民航发展基金：50 元

则共需付票款：1380 元

**小贴士**

**儿童和婴儿概念**

1）儿童（child）：指开始运输之日年龄满 2 周岁但不满 12 周岁的儿童。

2）婴儿（infant）：指开始运输之日年龄不满 2 周岁的婴儿。

（资料来源：中国标准委员会，2014．民用航空旅客运输术语：GB/T 18764—2002[S]．北京：中国质检出版社．）

### 4. 团体旅客运价

统一组织的人数在 10 人（含）以上，航程、乘机日期、航班和舱位等级相同，并支付团体票价的旅客，称为团体旅客（group passenger）。凡购买婴儿、儿童及其他特种票价客票的旅客按团体成人票价计算，不再另外享受优惠。大多数航空公司采用一团一议的方法给予优惠。

例如，一个旅游团队乘坐经济舱从上海浦东飞西安，按规定享受 6 折优惠票价。团队共 16 人，其中成人 12 人、儿童 3 人、婴儿 1 人。上海 — 西安经济舱全票价为 1260 元。

每位旅客支付客票价格：1260 × 60%=756　进整为 760 元

全团共支付客票费用：760 × 16=12 160 元

全团共支付民航发展基金：50 × 12=600 元

全团共支付票款：12 760 元

5. 特种运价

我国革命伤残军人凭革命伤残军人证、因公致残人民警察凭人民警察伤残抚恤证购买国内航线客票，可以按照适用票价的 50% 购票。我国革命伤残军人票价折扣代码为 YDFMM50，因公致残人民警察票价折扣代码为 YDFPP50。

在寒暑假期间，航空公司在指定的航线上，也会对国内全日制大学、大专、职教、中专、中小学等在校教师、学生给予不等幅度的优惠。

### 国内新的运价机制

2009 年 4 月 20 日零时起，国内客票票价全面采用新折扣计算方式，这导致原客票价格上涨 10% ~ 20%。

新折扣计算公式如下：

$$新客票折扣率 = 1 - [(1 - X)/1.25]$$

其中，“X”部分为此前客票的具体折扣。

例如，原来的 9 折客票将变为 9.2 折；8.5 折客票将变为 8.8 折；4.5 折客票将变为 5.6 折；3 折客票将变为 4.4 折。

与此同时，采用新折扣计算方式后，由于客票销售系统不再显示具体折扣而只显示具体价格，因此旅客购票时，若售票商不能协助换算成具体折扣，旅客可以自己用具体客票价格除以全价客票来获悉大概相当于多少折扣。

例如，原来广州飞北京 4.5 折客票是 770 元，但现在上涨为 5.6 折后就要 950 元，贵了 180 元，而之前 800 公里以上航线的客票，燃油附加费最高时也才 150 元。旅客最关心的是今后还有没有 4 折以下的特价客票。对此，南方航空、深圳航空有限责任公司（以下简称深圳航空）等航空公司的相关负责人明确表示，是否推出 4 折以下的特价客票还是由客流决定的。资深民航专家称：“在目前如此激烈的竞争环境下，尤其是淡季，无可否认特价客票是吸引旅客非常有力的手段。”

2016 年 10 月 14 日，中国民航局、国家发展和改革委员会（以下简称国家发改委）联合发布《关于深化民航国内航空旅客运输票价改革有关问题的通知》，从 11 月 1 日起，800 公里以下航线、800 公里以上与高铁动车组列车形成竞争航线旅客运输票价交由航空公司依法自主制定；航空公司制定、调整市场调节航线具体票价种类、水平、适用条件，应当至少提前 7 日向社会公布，并通过航空价格信息系统抄报中国民航局、国家发改委。航空公司上调市场调节价航线无折扣的公布票价，原则上每航季不得超过 10 条航线，每条航线每航季票价上调幅度累计不得超过 10%。

此次政府进一步放开机票价格管制，特别是对短航线和有竞争的航线。2015年政府已经放开了600公里以下短途航空的机票价格。

2015年12月31日，中国民航局公布《中国民用航空局关于推进民航运输价格和收费机制改革的实施意见》，明确了国内航空运输价格市场化改革的主要任务之一是推进国内航空运输价格市场化改革。中国民航局将会同国务院价格主管部门积极有序推进民航运输价格市场化改革，逐步扩大国内航线客运票价由航空公司自主制定的范围，改革完善燃油附加与航油价格联动机制。“到2017年，对已经形成竞争的国内航线客运票价由政府指导价改为市场调节价，同步健全价格行为监管规则。到2020年，国内航线客运票价主要由市场决定的机制基本完善，科学、规范、透明的价格监管制度基本建立。”

（资料来源：王菁，杨桂芳，2009. 郑洛两地低价票“满天飞”特价打至4折以下[EB/OL].（2009-05-22）[2018-09-02]. http://news.carnoc.com/list/134/134102.html.）

## 二、旅客购票证件种类

旅客购票和乘机时必须出示由政府主管部门规定的证明其身份的证件。

### 1. 乘坐国内航班

（1）成人旅客——中国籍旅客

居民身份证、临时居民身份证、军官证、武警警官证、武警士兵证、军官证、文职干部证等。

（2）成人旅客——外籍旅客

护照、外国人永久居留证、外交部签发的驻华外交人员证等。

（3）16周岁以下未成年人

户口簿或者户口所在地公安机关出具的身份证明，以及中国民航局规定的其他有效乘机的身份证件。

出生14天至2周岁的婴儿旅客，如未办理户口簿，可凭出生证明乘机。

### 2. 乘坐国际及地区航班

护照、海员证等，以及中国民航局规定的其他有效乘机的身份证件。

港澳居民来往内地，建议使用港澳居民来往内地通行证；台湾地区居民来往大陆，建议使用台湾居民来往大陆通行证。

证件类型与适用航班简明归纳见表1-1。

表 1-1　证件类型与适用航班简明归纳

| 证件类型 | 国内航班 | 国际航班 | 地区航班 |
|---|---|---|---|
| 居民身份证（临时居民身份证） | √ | | |
| 护照 | √ | √ | |
| 港澳居民来往内地通行证、中华人民共和国往来港澳通行证 | √ | | √ |
| 台湾居民来往大陆通行证、大陆居民往来台湾通行证 | √ | | √ |
| 军官证、武警警官证等 | √ | | |
| 外国人永久居留证、外交官证等 | √ | | |
| 外国人出入境证、海员证等 | √ | √ | |

小贴士

有关证件的其他事项

1）旅客在预订机票时要录入实际乘机时使用的有效证件信息。

2）中国大陆旅客乘坐国内航班可以使用护照，但要确保护照上的姓名与机票预订姓名保持一致，并且在预订机票时正确填写护照号码。

3）超过 2 周岁的儿童乘机不能使用出生证明，但可以使用户口簿或户口所在地公安机关出具的身份证明。

4）身份证件丢失或过期后需要开具临时居民身份证后方可乘机，具体情况可以与户籍所在地派出所或当时本人所在机场派出所咨询或办理。

## 第三节　电子客票知识

### 案例导入

杨国庆选择了航班和票价，输入了一家三口的身份信息，使用支付宝支付了票款。他松了一口气，但这时他又想到一个问题："我能通过什么途径取到所买的机票呢？如果没有任何购票凭证，又如何乘坐飞机呢？"

2011 年 12 月，借助中国民航信息集团公司（以下简称中国航信）的技术推动，中国最先成为全球航空电子客票普及率 100% 的国家。按照每年中国民航旅客运量 3 亿人次的预估计算，取消纸质客票，100% 地实现电子客票，可以为中国民航每年节约成本预计可达 60 亿元人民币。

## 一、电子客票概述

### 1. 电子客票的定义

电子客票（electronic ticket）也称电子机票，是具有与纸质机票相同功能的电子乘机凭证。它将普通纸质客票的票面内容显示在订座、离港系统终端上。电子客票并不是“无票”，而是在系统中生成电子客票票联。与传统纸质客票相比，电子客票省时省力，订票后无须等待送票，持身份证就可以直接在机场专门的电子柜台办理登机手续；同时，电子客票实现了无纸化的订票、付款、出票、办理乘机手续、登机、结算和办理登机手续等全过程。

使用电子客票，出票过程可以通过电话或互联网迅速完成。电子客票实际上就是一个电子文件，它上面的数据来自航空公司的数据库。电子客票并不是完全无纸化。大多数航空公司仍要求发放纸质登机牌、旅客路线及收据等注意事项，也被要求印刷在纸介质上提供给旅客。

**知识加油站**

**电子客票发展大事记**

1994 年，美国西南航空公司率先推出电子客票，受到了航空公司和旅客的青睐，并成为重要的出票方式。

2000 年 3 月，南方航空率先推出国内第一张电子客票（本票电子客票）。

2004 年，国航、南方航空、东方航空三大航空公司均有自己的电子机票系统，并未加入 BSP（billing and settlement plan，开账与结算计划）电子机票系统当中。

2004 年 9 月 1 日，海南航空开始使用中国第一张 BSP 电子客票（中性电子客票）。

2004 年 9 月底，东方航空推出首张 B2C 电子客票（个人电子客票）。

2004 年 9 月，游易航空旅行网销售出了第一张国航电子机票。

2005 年 1 月，国航、东方航空正式加入 BSP 电子机票系统。10 月 31 日，南方航空也加入了 BSP 电子机票系统。

2006 年 6 月，电子客票行程单作为全国统一报销凭证，正式启用。

2006 年 10 月，国航停止发售纸质票，全面推进电子客票。

2007 年年底，国际航空运输协会（International Air Transport Association，IATA）提出全球实现 100% BSP 电子客票的目标。

2011 年 12 月，中国最先成为全球航空电子客票普及率 100% 的国家。

（资料来源：360 百科．电子客票 [EB/OL]．[2018-12-02]. https://baike.so.com/doc/5421563-5659745.html.）

### 2. 电子客票销售

电子客票的销售模式主要有以下两种。

（1）直接销售模式：航空公司本票电子客票

航空公司一般通过其下设于机场、各主要大中城市的直属售票处、呼叫中心和公司官方网站进行电子客票的销售（图 1-13）。

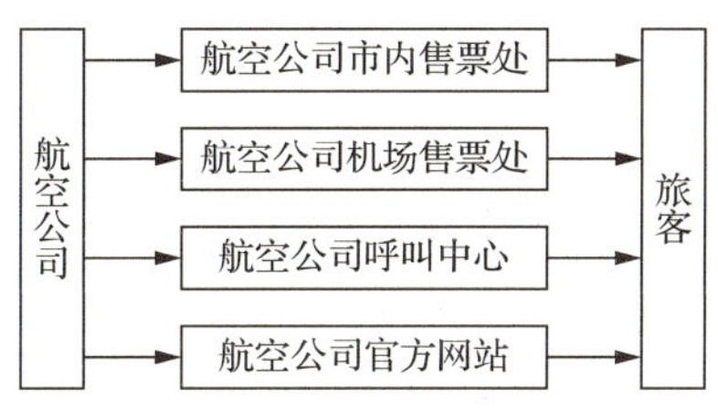


图 1-13　电子客票的直接销售模式

随着电子客票的推广，航空公司逐步加强直销力度，尤其重视官方网站的销售力度，以网络营销为代表的网站直销将起到越来越重要的作用。通过航空公司官方网站贴近旅客购买流程的人性化设计，航空公司能更接近旅客，更深入地了解市场，服务于日益增多的具有基本上网知识、希望自助服务的散客群体。国内航空公司正利用电子客票推广的契机，加强公司信息化和电子商务建设，增强公司网上直销能力，实现销售成本的降低和顾客价值的增值。

（2）间接销售模式：BSP 电子客票

从 1994 年美国西南航空公司率先推出电子客票到现在，电子客票在北美洲和欧洲的发展表明，如果仅凭网上直销，航空公司将失去很大一部分客户，而铺设直销门面会耗费其大量的人力和物力，也无法实现电子客票的大规模推广。因此，20 世纪 90 年代末以来，欧美航空公司开始选择代理商分销渠道来销售电子客票（图 1-14）。目前，我国航空公司在大力发展直销的同时，也依托原有的纸质客票代理商分销渠道实现了电子客票业务的快速发展。

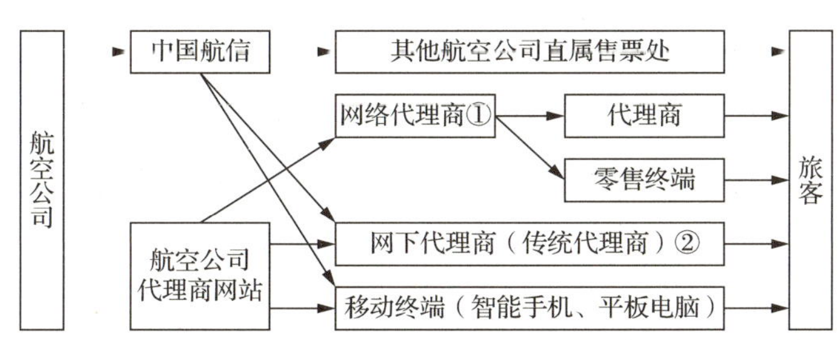


① 网络代理商：一类是自建网站，如游景网、携程旅行网等（包括机票销售在内的综合业务网站）；二类是与其他网站合作，如掌上通与中国工商银行、招商银行等进行合作。

② 网下代理商（传统代理商）：传统的机票代售点、旅行社、航空公司三产企业等。

图 1-14　电子客票的间接销售模式

### 3. 电子客票的购票流程

（1）订座

航空公司销售电子客票有两种形式：一种是通过代理人进行销售，可以视之为B2B 模式；另一种是通过自己的网站进行销售，可以视之为 B2C 模式。

旅客可以通过电话、网络、航空公司及其销售代理人的售票处订座。已经定妥的座位，旅客应在航空公司规定或预先约定的时限内购买客票，若超过此期限，旅客可能被取消订座。

国内航班，旅客持有定妥座位的联程或来回程客票，如在该联程或回程地点停留72 小时以上，应航空公司要求，须在联程或回程航班离站前两天中午 12 点以前，办理座位再证实手续，否则原订座位不予保留。如果旅客到达联程或回程时间离航班离站时间不超过 72 小时，则不需办理座位再证实手续。

航空公司或销售代理人为旅客订座时，必须预订航班舱位序列显示前有“E”标识的电子客票航班，订座过程与普通纸质票一致，分别建立航段组、姓名组、联系组、票价组及责任组。

（2）购票

旅客购票可通过航空公司或航空代理订购点办理电子客票的订购等操作（图 1-15）。购票时，旅客要留下方便联络的电话号码，以便航班时刻变化时，承运人能及时通知到旅客。

电子客票简化了购票、取票、保存等环节，使订票和上机更加方便快捷，而付款方式和之前相比并没有什么变化，既可以选择网上支付，也可以选择现金支付。而航空公司或销售代理人送票上门等服务也并未取消，只是现在送的“票”是旅客订好后开具的税务发票（电子客票行程单），而不是以前一本厚厚的机票。

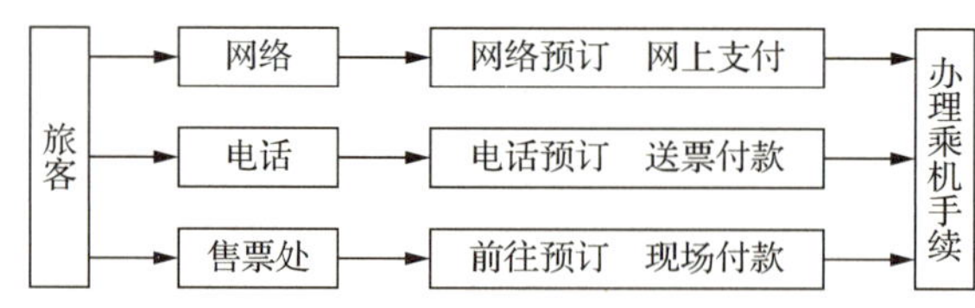


图 1-15　旅客可通过不同途径购票

## 二、电子客票使用的一般规定

电子客票是普通纸质机票的一种电子映像，是传统机票的一种替代品，可以实现客票的无纸化存储，电子化的订票、出票、办理乘机手续、结算等过程。一张电子客票仅限一位旅客使用。出票（代理）人应提供电子客票行程单（图 1-16），旅客可以通过专业网站（http://www.travelsky.com/tsky/）检验电子客票的真伪（图 1-17）。

电子客票国内客票乘机联的票联号码应是自 1 ～ 2 的顺序号，电子客票国际客票乘机联的票联号码应是自 1 ～ 4 的顺序号，每张国内客票允许最多出 2 个乘机联，每张国际客票允许最多出 4 个乘机联，每一组连续客票允许最多含有 4 张客票。机选乘机联总数时，所有的乘机航段和地面运输航段，包括代表同一个城市的不同机场的航段都应计算在内。

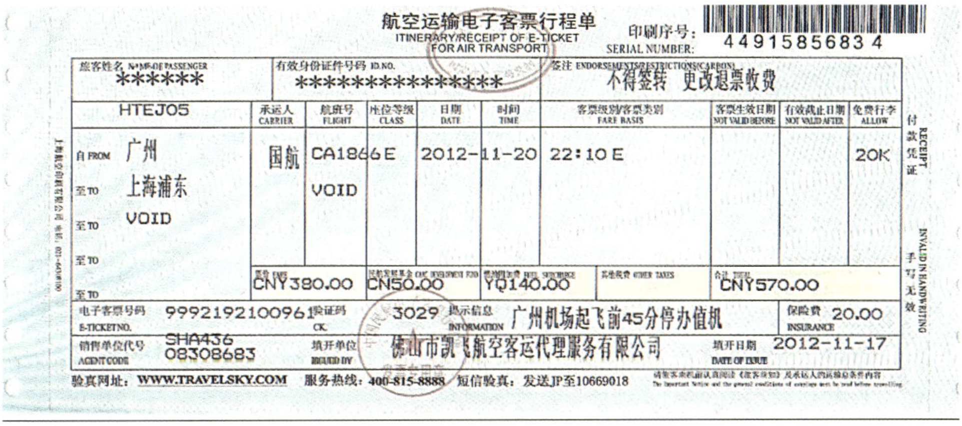

图 1-16　航空运输电子客票行程单（报销凭证）

图 1-17　电子客票真伪验证图

表 1-2 为 6 个航段客票简介。

**表 1-2　6 个航段客票简介**

| 行程 | 客票 | 票联序号 |
| --- | --- | --- |
| PEK-CAN | 第 1 本 | 1 |
| CAN-SHA | 第 1 本 | 2 |
| SURFACE/ARNK（地面运输） | 第 1 本 | 3（N/A：未使用） |
| PVG-FRA | 第 1 本 | 4 |
| FRA-LAX | 第 2 本 | 1 |
| LAX-PEK | 第 2 本 | 2 |

知识加油站

## 电子客票行程单

电子客票行程单是旅客购买电子客票的凭证之一，其包含旅客姓名、航程、航班、日期、起飞及到达时间、票号等内容。旅客可通过电子客票行程单了解所购电子客票的相关信息。

电子客票行程单有以下两种形式。

1. 航空运输电子客票行程单（报销凭证）

航空运输电子客票行程单是暂时作为旅客购买航空运输电子客票的付款凭证或报销凭证，同时具有提示旅客行程的作用，但不作为机场办理乘机手续和安全检查的必要凭证使用。在旅客有电子客票改期、签转与退票的需要时，旅客须出示航空运输电子客票行程单原件办理；退票时，旅客必须凭航空运输电子客票行程单原件向原售票部门提出申请；航空运输电子客票行程单为一人一单，不能涂改，遗失不补。此行程单只可以打印一次。

2. 电子客票行程单（纯行程信息）

电子客票行程单是旅客购买电子客票的凭证之一，具有提示旅客行程的作用，但不作为机场办理乘机手续和安全检查的必要凭证使用，主要用于相对应的国际电子客票。此行程单可以重复打印。

电子客票行程单的获取根据旅客购票形式不同，分为两种渠道：如果旅客向客票代理人购买电子客票，或者未指明电子客票但开出的是电子客票，则电子客票行程单都由代理提供；如果旅客自己上网订购电子客票无法直接从网上打印，则需到机场电子客票柜台打印电子客票行程单。

## 三、电子客票的票面信息

以旅客杨国庆的电子客票为例，电子客票的票面信息（图 1-18）如下。

ISSUED BY:CHINA EASTERN AIRLINES ORG/DST:SHA/CTU BSP-D
E/R:不得签转/改期退票收费
TOUR CODE: 'RECEIPT PRINTED'
PASSENGER:杨国庆
EXCH: CONJ TKT:
OFM:1SHA MU 5405 S 09OCT 0930 OK Y49 20K OPEN FOR USE
RL:BQH3Q2 /MGP7E3 1E
TO:CTU
FC: 09OCT17SHA MU CTU860.00CNY860.00END
FARE: CNY860.00 | FOP:CASH
TAX: CNY50.00CN | OI:
TOTAL: CNY910.00 | TKTN:781-7119271200

图 1-18 电子客票的票面信息

### 1. 第一行信息的注释

ISSUED BY：CHINA EASTERN AIRLINES……………………………………出票航空公司
ORG/DST：SHA/CTU ……………………………………………………起飞到达城市 / 机场
BSP-D …………………………………………………………………BSP 国内客票（I 为国际客票）

**小贴士**

**电子客票种类**

1）BSP-D 中国航空运输协会电子客票——国内客票。
2）BSP-I 中国航空运输协会电子客票——国际客票。
3）ARL-D 航空公司电子客票——国内客票。
4）ARL-I 航空公司电子客票——国际客票。

### 2. 第二行信息的注释

E/R：不得签转 / 改期退票收费 ……………………………………………………退改签信息

### 3. 第三行信息的注释

TOUR CODE……………………………………TC 信息（举例客票无旅游代码，所以是空白）
RECEIPT PRINTED……………………………………………………………………已打印报销凭证

### 4. 第四行信息的注释

PASSENGER：杨国庆 …………………………………………………………………旅客姓名

### 5. 第五行信息的注释

EXCH…………………………换开的原客票票号（举例客票不是换开客票，所以是空白）
CONJ TKT…………………………连续客票信息（举例客票非连续客票，所以是空白）

### 6. 第六行信息的注释

O………………………………………………………转机标识（O：大于 24 小时，X：小于 24 小时）
FM………………………………………………………………………………………………出发地信息
1…………………………………………………………………………………………票面上的航段序号
SHA MU 5405 S 09OCT 0930 ………………航段信息（包括始发地机场代码、航班号、舱位、乘机日期、起飞时间）
OK…………………………座位状态（OK：座位定妥；RQ：座位为定妥、候补状态；NS：婴儿不占座位）
Y49…………………………………………………………………………………………………票价基础

20K………………………………………………………………………………………………免费行李额
OPEN FOR USE………………………………………………………………电子客票状态为“开放可用”

**小贴士**

电子客票状态及说明见表 1-3。

**表 1-3 电子客票状态及说明**

| 编号 | 客票状态 | 说明 |
|---|---|---|
| 1 | OPEN FOR USE | 客票有效 |
| 2 | VOID | 已作废 |
| 3 | REFOUND | 已退票 |
| 4 | CHECK IN | 正在办理登机 |
| 5 | LIFT/BOARDED | 已登机 |
| 6 | USED/FLOWN | 客票已使用 |
| 7 | SUSPENDED | 挂起状态，客票不能使用 |
| 8 | PRINT/EXCH | 客票已换开为纸票 |
| 9 | EXCHANGED | 客票已换开为电子客票 |
| 10 | AIRPORT CNTL | 控制权在航空公司 |

7. 第七行信息的注释

RL ………………………………………………………………………………可查询记录编号
BQH3Q2 ……………………………………………………………………航空公司系统记录编号
MGP7E3 ………………………………………………………………………代理人系统记录编号
1E………………………………………………………………………………代理人销售系统

8. 第八行信息的注释

TO ………………………………………………………………………………………………目的地
CTU……………………………………………………………………………目的地机场代码

9. 第九行信息的注释

FC:09OCT17SHA MU CTU860.00CNY860.00END……………FC（票价计算组）信息

10. 第十行信息的注释

FARE……………………………………………………………………………………………票价
CNY860.00 ………………………………………………………………………人民币 860 元
FOP：CASH ……………………………………………………………………支付方式：现金支付

### 11. 第十一行信息的注释

TAX…………………………………………………………………………………………税项
CNY50.00CN……………………………………………………人民币 50 元，民航发展基金
OI ……………………………………………………OI（客票换开）信息（举例客票为空白）

### 12. 第十二行信息的注释

TOTAL:CNY910.00 ………………………………………………………总金额人民币 910 元
TKTN:781-7119271200……………………………………………………………电子客票票号

**知识加油站**

## 中国民用航空电子客票暂行管理办法

### 第一章　总　　则

第一条　为规范中国民用航空旅客运输电子客票管理，维护市场秩序，保障航空运输消费者、公共航空运输企业和航空运输销售代理企业的合法权益，根据《中华人民共和国民用航空法》及其他有关规定，制定本办法。

第二条　本办法适用于中华人民共和国境内依法设立的公共航空运输企业（以下简称空运企业）、航空运输销售代理企业（以下简称销售代理企业）、航空运输销售保障企业（以下简称保障企业）和相关行业协会等所从事的与使用和管理电子客票相关的民用航空旅客运输业务和管理活动。

第三条　本办法中用语的含义如下：

电子客票，是指由空运企业或其销售代理企业销售并赋予运输权利的以电子数据形式体现的有效运输凭证，是纸质客票的电子替代产品。

电子客票行程单，是指旅客购买空运企业民用航空运输电子客票的付款凭证或报销凭证，同时具备提示旅客行程的作用。

行业协会，是指依法设立，与电子客票销售管理相关的社会团体。

空运企业，是指以营利为目的，使用民用航空器运送旅客、行李、货物和邮件的企业法人。

保障企业，是指向空运企业、销售代理企业提供客货销售计算机系统信息及其相关服务的企业法人。

销售代理企业，是指依法设立、具有认定资质、接受空运企业委托、从事销售代理活动的企业法人。

机场地面服务部门或企业，是指向旅客提供机场离港登机服务的空运企业有关部门及其代理人。

第四条　电子客票管理遵循行政执法与行业自律、企业守法经营相结合的原则。

第五条　中国民用航空局负责制定电子客票相关管理规则，对使用电子客票的民用航空旅客运输活动实施监督管理。中国民用航空地区管理局、中国民用航空安全监督管理办公室对本辖区内使用电子客票的民用航空旅客运输活动实施监督管理。

以上各级民航行政管理部门在本办法中统称民航行政主管部门。

第二章　相关主体职责

第六条　行业协会应建立行业自律管理规则，规范会员单位的经营行为；建立会员企业电子客票销售诚信档案，推动行业诚信建设。

第七条　空运企业应定期向社会公布经过授权的销售代理企业名录，对直销售票处、销售代理企业的电子客票销售行为进行业务指导和管理。

第八条　保障企业应确保信息网络的安全、稳定，为空运企业及销售代理企业提供及时、可靠的技术支持；向社会公众提供电子客票验真服务。

第九条　机场地面服务部门或企业应检查核对旅客有效身份证件信息及乘机信息，提供高效有序的电子客票离港服务。

第十条　销售代理企业应依据民航行政主管部门、行业协会和空运企业的相关规定从事民航电子客票的销售活动。

第十一条　各电子客票相关主体应根据民航行政主管部门的要求提供相关信息和技术支持，受理投诉，配合民航行政主管部门做好电子客票市场监管工作；落实执行民航行政主管部门对违规主体的行政处罚或相关要求，并及时上报处理结果。

第三章　行为规范

第十二条　电子客票销售人员应接受岗位业务培训并达到合格标准。

第十三条　电子客票销售人员应按照销售代理合同和空运企业的业务规范进行销售，应准确输入旅客基本信息，包括姓名、有效乘机身份证件号码、联系电话等。

第十四条　空运企业直销售票处和销售代理企业应使用合法的电子客票行程单，遵照政府有关管理规定进行销售，行程单上客票价格必须与实收金额相符。

第十五条　销售代理企业在出票后冻结客票状态，使用挂起操作时，应在确认旅客付款后及时解除该状态。

第十六条　空运企业和销售代理企业应在销售场所、销售网站等公示旅客须知、电子客票服务热线电话和电子客票验证网址等，提供及时准确的电子客票验真服务。

第十七条　保障企业应向具备客票销售认定资质的企业提供订座、销售系统服务。

第十八条　空运企业在航班取消、提前、延误、航程改变或不能提供原定座位时，应优先安排旅客乘坐后续航班或签转其他空运企业航班，方便旅客办理电子客票变更手续。

旅客要求办理改变航班、日期、舱位等级手续的，空运企业及其销售代理企业应按照空运企业的规定办理。

旅客要求变更空运企业，应征得原空运企业或其授权销售代理企业同意，并在新的空运企业允许的条件下予以签转。

第十九条 旅客未在客票有效期内完成部分或全部航程，可以在客票有效期内要求退票。

旅客要求退票，应凭旅客本人有效身份证件和电子客票行程单办理退票手续，出票时未打印行程单的旅客凭有效身份证件办理退票手续。

票款只能退给客票上列明的旅客本人或客票的付款人。

如委托办理，须提供旅客本人和受委托人的有效身份证件。

第四章 违规处理

第二十条 违反本办法第六、七、八、九、十、十一条规定的，民航行政主管部门责令相关主体予以改正，情节严重的，给予通报批评。

第二十一条 违反第十二条，未经过满足本岗位业务培训的要求或者虽然经过培训但未达到合格标准的电子客票销售人员，不得上岗。

第二十二条 违反第十三条，对旅客造成损失的，责任单位应向旅客承担赔偿责任。

第二十三条 违反第十四条，空运企业直销售票处和销售代理企业应向旅客承担赔偿责任；情节严重的，由民航行政主管部门责成相关主体对其停业整顿直至取消其经营资质，并可转至税务管理部门依据有关法律法规对其进行全面审查处理。

第二十四条 违反第十五条，给旅客造成直接损失的，应承担赔偿责任。情节严重的，由民航行政主管部门责成相关主体对其停业整顿直至取消其经营资质。

第二十五条 违反第十六条，空运企业和销售代理企业未尽到告知义务的，民航行政主管部门责令其限期改正，并通报批评。拒不改正的，对空运企业由民航行政主管部门依据有关规定实施行政处罚和行政处理；对销售代理企业由民航行政主管部门责成相关主体对其停业整顿直至取消其经营资质。

第二十六条 违反第十七条，保障企业为不具备销售代理认定资质的单位或个人提供具有销售功能的服务，责令其限期改正。

第二十七条 对于故意隐瞒违法信息不报告的单位、有权限处理但不按照民航行政主管部门要求处理的单位，民航行政主管部门应对其通报批评、责令改正，并根据有关规定进行处理。

第五章 附 则

第二十八条 本办法由民航局负责解释。

第二十九条 本办法自发布之日起实施。

（资料来源：中国民用航空局，2008．中国民用航空电子客票暂行管理办法 [EB/OL]．（2008-04-11）[2018-09-02]．http://www.caac.gov.cn/XXGK/XXGK/ZFGW/201601/t20160122_27527.html．）

## 本章小结

本章通过对目前主要客票销售渠道的描述，阐述了目前客票销售市场的最新发展趋势。同时，以航班信息等资料为例，说明了民航旅客运价和购票证件的常识。最后通过对一张电子客票样张逐行解释相关代码和信息，使学生能正确阅读并解释国内电子客票的票面信息。

## 本章练习题

### 一、简答题

1. 简述客票销售渠道的种类。
2. 简述国内航班旅客购票证件种类。

### 二、实务题

1. 张先生夫妇携带一对双胞胎婴儿，购买广州—上海经济舱机票，成人旅客享受8折优惠，广州—上海经济舱全票价为1280元，试计算他们全家应付票款总额。

2. 某旅客3月3日乘坐经济舱由广州飞武汉，在武汉停留数天后，再乘航班飞至南京。已知广州—武汉经济舱全票价为930元，成人旅客享受8折优惠；武汉—南京经济舱全票价为730元，成人旅客享受7折优惠。试计算该旅客应付票款总额。

3. 一名持革命伤残军人证的伤残军人和其妻子，购买成都—北京机票，成都—北京经济舱全票价为1440元，旅客购票之日最低折扣为7折。试计算旅客票款总额。

4. 一个旅游团队乘坐经济舱从上海浦东飞西安，按规定享受6折优惠票价。团队共16人，其中成人12人、儿童3人、婴儿1人。上海—西安经济舱全票价为1260元。试计算该团队应付票款总额。

5. 解释电子客票（图1-19）信息。

```
▶DETR:TN/999-3627718825
ISSUED BY: AIR CHINA                    ORG/DST: BJS/SHA                 BSP-D
TOUR CODE:
PASSENGER: 王大成
EXCH:                                  CONJ TKT:
O FM:1PEK CA      1883 Y 13DEC 0720 OK Y                         20K OPEN FOR USE
     T3-- RL:NCDW84 /JV040F 1E
  TO: PVG
FC: M 11DEC11PEK CA PVG1130.00CNY1130.00END
FARE:             CNY 1130.00|FOP:CASH
TAX:              CNY 50.00CN|OI:
TAX:              CNYEXEMPTYQ|
TOTAL:            CNY 1180.00|TKTN: 999-3627718825
▶
```

图1-19 电子客票样例

# 第二章

# 民航旅客抵离港业务

## 课前导读

在整个旅客抵离港过程中，涉及的民航岗位更为具体、细化，其中包括了旅客乘机手续的办理、特殊旅客的服务、不正常情况的处理、行李运输及行李运输事故的处理等。本章内容包括旅客乘机手续办理常识、民航旅客接收、旅客行李收运、不正常运输处理和不正常行李处理。

## 学习目标

**知识目标**

了解旅客乘机手续办理的规定；了解客舱座位安排的规定；识记民航旅客载运限制规定；识记行李运输的一般规定。

**技能目标**

能够准确识别旅客和特殊旅客；会对旅客的行李进行正确分类；会识别并给出禁运、限运行李处理方案；能够根据实际情况为不正常航班处理提供方案。

# 第一节 旅客乘机手续办理常识

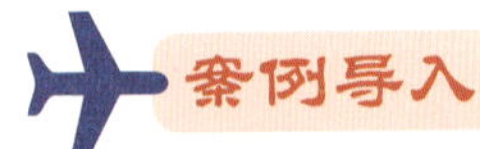


杨国庆购买了一家三口去成都探亲的客票后，临出发前却突然发现自己的身份证找不到了。更糟糕的是，客票上妻子王德美的名字写成了王德妹。就在他焦急万分的时候，朋友建议说，手机上也能操作办理值机，不用身份证，也不用去机场排队，方便快捷。那么，杨国庆朋友的说法可信吗？最终杨国庆能顺利出行吗？

旅客购票后，需要在航空公司规定的时间内在机场航站楼出发大厅办理乘机手续，也就是托运行李、换登机牌。为旅客办理乘机手续在航空业内又称值机，它是民航旅客抵离港服务的窗口，也是整个民航旅客运输中的一个岗位。航空公司对于旅客办理乘机手续是有一系列具体规定的。

## 一、旅客乘机手续办理的规定

旅客购票后并不能直接乘坐飞机，而是要先办理乘机手续，领取登机牌后才能上飞机。目前，旅客办理乘机手续通常有柜台办理乘机手续（图 2-1）、自助柜台办理乘机手续（图 2-2）、网上办理乘机手续（图 2-3）和手机办理乘机手续（图 2-4）四种途径。

图 2-1 柜台办理乘机手续

图 2-2 自助柜台办理乘机手续

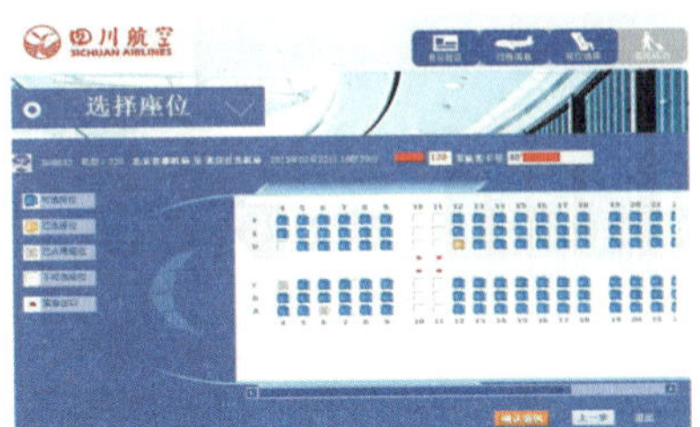

图 2-3 网上办理乘机手续

### 1. 柜台办理乘机手续的规定

1）旅客应当在航空公司规定的时限内到达机场，凭本人有效乘机证件按时办理托运行李、领取登机牌等乘机手续。

2）如果旅客未能按时到达航空公司的办理乘机手续的柜台或登机口，或未能出示其有效乘机证件的，航空公司为不延误航班可取消旅客已定妥的座位。对旅客由此所产生的损失和费用，航空公司不承担责任。

3）航空公司开始办理航班乘机手续的时间一般不迟于客票上列明的航班离站时间前 90 分钟，截止办理乘机手续的时间为航班离站时间前 30 分钟。这个时间会因为机场的不同和国内、国际航班的差异而有所调整，航空公司会将上述时间以适当的方式告知旅客。

图 2-4　手机办理乘机手续

4）航空公司及地面服务代理人应按时开放办理乘机手续的柜台，为旅客快速、准确地办理乘机手续。

5）乘机前，旅客及其行李和免费随身携带物品必须经过安全检查。

**小贴士**

中国部分机场国航航班截止办理乘机手续时间表（表 2-1）。

**表 2-1　中国部分机场国航航班截止办理乘机手续时间表**

| 出发地机场 | 截止办理乘机手续的时间 / 分钟 | |
|---|---|---|
| | 国内航班 | 国际航班 |
| 北京首都国际机场 T3 | 45 | 60 |
| 上海浦东国际机场 | 45 | 45 |
| 成都双流国际机场 | 45 | 45 |
| 天津滨海国际机场 | 30 | 30 |
| 广州白云国际机场 | 45 | — |
| 广州白云国际机场 | 40（穗京、穗蓉快线） | — |
| 西安咸阳国际机场 | 40 | 40 |
| 厦门高崎国际机场 | 30 | 40 |

（资料来源：国航．办理乘机手续 [EB/OL]．[2018-09-02]．http://www.airchina.com.cn/cn/contact_us/check_in.shtml.）

### 2. 自助柜台办理乘机手续的规定

1）旅客不需要在机场柜台前排队等候选择座位、领取登机牌，取而代之的是凭本

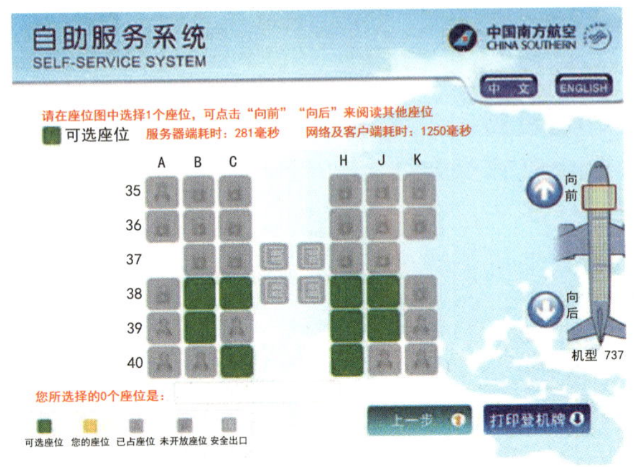


图 2-5 自助柜台旅客座位选择界面

人购票时的身份证件在自助柜台获取全部的乘机信息，并根据屏幕提示操作选择座位（图 2-5）、获得登机牌。自助柜台打印的纸质登机牌与人工柜台打印的登机牌略有差异（图 2-6 和图 2-7）。

2）自助柜台办理乘机手续一般在航班起飞前 6 小时开放，起飞前 45 分钟停止。

3）旅客在自助柜台办理乘机手续时，需阅读自助柜台上的相关旅客须知，如锂电池相关规定等。

4）旅客在获取登机牌后，需检查登机牌上姓名是否和证件上姓名一致，并仔细阅读登机牌上的所有信息。

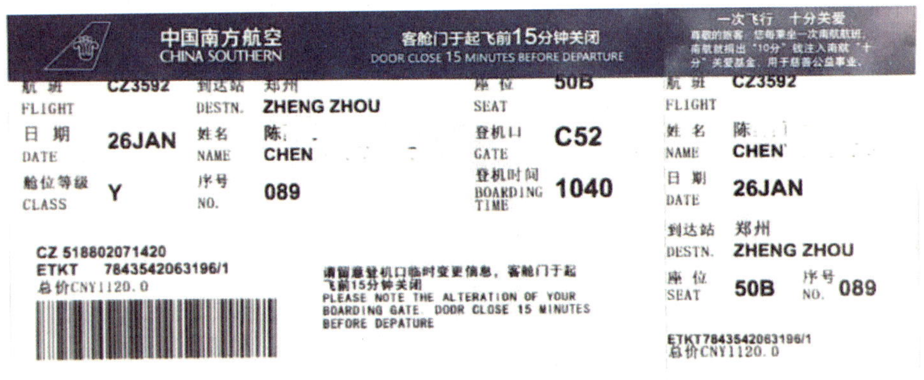


图 2-6 自助柜台打印的纸质登机牌

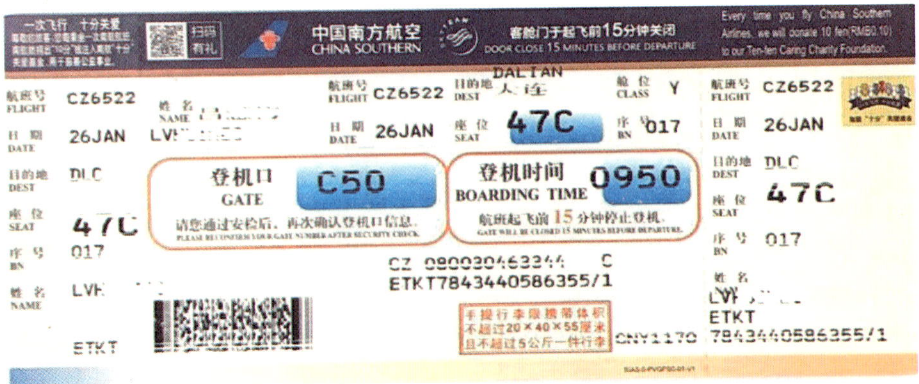


图 2-7 人工柜台打印的纸质登机牌

5）旅客如有托运行李，应另行去托运行李区域办理行李托运手续。

6）对于未知原因无法自助办理乘机手续的旅客，可前去人工柜台寻求帮助。

### 3. 网上办理乘机手续的规定

1）网上办理乘机手续是一种方便快捷的乘机手续办理方式。旅客通过网上办理乘机手续并将登机牌通过 A4 纸打印出来。如果不需要托运行李，旅客则不需要到机场柜台排队办理登机牌，而可以持 A4 纸登机牌直接通过安全检查并登机。

2）网上办理乘机手续的旅客如需托运行李，则需要另行去托运行李区域办理行李托运手续。

3）旅客在网上办理乘机手续时如果无法自行打印登机牌或遗失已打印的登机牌，则应凭本人购票时使用的证件前去柜台补打登机牌。

### 4. 手机办理乘机手续的规定

1）旅客下载航空公司手机客户端 App，可以便捷地在手机终端轻松完成自助办理乘机手续。手机办理乘机手续时限一般在航班起飞前 24 小时开放，起飞前 90 分钟停止。

2）手机办理乘机手续的旅客如需托运行李，则需要另行去托运行李区域办理行李托运手续。

3）旅客在手机上完成办理乘机手续后，可以获取电子登机牌（二维码），凭此电子登机牌（二维码）直接通过安全检查并登机。不过目前国内机场需要旅客在安全检查处或者安全检查前扫描电子登机牌（二维码）后，打印纸质手机值机登机凭证（图 2-8）。

4）如果旅客通过手机无法获取或遗失电子登机牌（二维码），则应凭本人购票时使用的证件前去柜台补打普通纸质登机牌后通过安全检查并登机。

5）如果旅客在通过安全检查时无法正常扫描电子登机牌（二维码），则旅客需返回柜台补打普通纸质登机牌后再通过安全检查并登机。

姓名 吕雄
Name LVXIONG
目的地 Destination 上海浦东 PVG
航班号Flight/日期Date MU 5522 07JUL
座位号 Seat No. 34C 登机号 BN 004
登机时间. 1905 登机口 Gate 13A
舱位 Class E ETKD 7818203262774/1
常旅客 FQT MU 660281220139 C
-X-
姓名 吕雄
Name LVXIONG
目的地 Destination 上海浦东 PVG
航班号Flight/日期Date MU 5522 07JUL
座位号 Seat No. 34C 登机号 BN 004
-X-
姓名 吕雄
Name LVXIONG
目的地 Destination 上海浦东 PVG
航班号Flight/日期Date MU 5522 07JUL
座位号 Seat No. 34C 登机号 BN 004

图 2-8　纸质手机值机登机凭证

知识加油站

### 自助行李托运

图 2-9 自助行李托运

在有条件的机场，旅客可以进行自助行李托运操作（图 2-9）。

旅客在自助柜台办理乘机手续时，根据自助柜台电子显示屏上的提示，可同时办理登机牌，自助打印并自行拴挂行李牌，然后将需要托运的行李放置于指定区域。

旅客在进行自助行李托运操作时，如果遇有特殊要求（如需拴挂易碎标签），可前去人工柜台寻求帮助。

## 二、旅客乘机证件使用规定

旅客购票时所需要提供的常用身份证件有居民身份证、户口簿、护照等。根据中国民航局规定，旅客的乘机证件，需要与购票时所持身份证件保持一致。

小贴士

### 用什么证件购机票就要用什么证件登机

2017 年 9 月 4 日 12 时 20 分，一名年轻妈妈抱着孩子来到哈尔滨机场派出所。“我忘了带孩子的户口簿，请给我开一张孩子的临时身份证明。”执勤民警了解得知，这名母亲用孩子的身份证号购买了机票，但却因为临时有事将孩子的户口簿等证件提前邮寄回漠河。她认为只要用孩子的身份证号就可以给孩子开一张临时身份证明登机。

然而，因为孩子仅有一岁，并没有居民身份证，机场警方无法查到孩子的相关信息，查证孩子身份及孩子与这名女子的关系。

为了安全起见，机场警方联系了母子的户籍所在地派出所，但对方也无法证明两人的母子关系。随后，机场警方联系到孩子出生地医院，对方紧急调取了孩子出生证明的存根，并拍照传给机场警方。通过孩子的出生证明，确认两人的母子关系后，民警为孩子办理了相关证明，并护送两人登机。

在购买机票时，一定要注意，使用哪种身份证明购买机票，就要携带哪种身份证明办理登机手续。同时需要特别注意的是，警方只能对用身份证号购票的旅客开具临时身份证明，使用护照、武警警官证、学生证等其他证件购票的，警方无法提供临时身份证明。

（资料来源：中国民航网，2017．哈尔滨机场：用什么证件购机票就要用什么证件登机 [EB/OL].（2017-09-14）[2018-09-05]. http://www.caacnews.com.cn/1/5/201709/t20170914_1228652.html.）

### 1. 办理乘坐中国民航飞机临时身份证明的申办条件

具备下列材料之一者，可以申办乘坐中国民航飞机临时身份证明：

1）旅客的过期、破损居民身份证或临时居民身份证原件。

2）旅客的户口簿原件及复印件。

3）旅客的中华人民共和国机动车驾驶证。

4）国内机场公安机关6个月内为旅客出具的完整的“乘坐中国民航飞机临时身份证明”原件。

5）旅客户籍所在地公安机关出具的户籍证明原件或者传真件。

### 2. 不具备申办乘坐中国民航飞机临时身份证明条件的旅客类别

1）对安全检查中发现冒用他人身份证件或使用伪造、变造身份证件的旅客。

2）外籍和港澳台地区的旅客。

3）非申办旅客本人。

4）根据申办人提供的材料经公安网络查实不符的或无法证实是旅客本人的。

5）无法通过公安网络查询到的旅客。

**小贴士**

#### 重申关于销售代理人办理南航电子客票改名规定的通知

各销售代理：

为规范管理，统一销售代理人办理南航电子客票的改名规定，现对销售代理人使用中航信代理人系统、全球分销系统（GDS）和南航网上电子客票销售系统（B2B）办理电子客票旅客姓名变更通知如下：

一、改名规定

（一）散客改名

在旅客身份信息未发生更改、客票全程航段均未使用的前提下，每位旅客仅允许免费变更姓/名中的一个汉字或3（含）个英文字母，可变更为原旅客姓/名的同音字或形似字（重叠字算一个字，如张丽丽，“丽丽”变更“莉莉”变更算一个字），亦增加一个字或减少一个字（如“李晓莉”变更为“李莉”或“李莉”变更为“李晓莉”）。

（二）团体旅客改名

团体客票改名规定按具体适用的运价文件规定执行。未具体说明的按南航销售业务手册规定执行。

（三）不符合上述规定的旅客姓名变更，按照自愿退票后重新购票办理。

二、操作要求

（一）BSP代理人和本票代理人办理旅客姓名变更，应退原客票后重新出票。

（二）B2B 代理人应在 B2B 网上销售系统提交旅客姓名变更申请，待审核通过后予以办理。

（三）禁止南航的任何部门使用 TSU（电子客票状态标识修改）指令对旅客姓名进行修改，避免旅客因票面与订座记录不符造成旅客无法登机。

特此通知。

二〇一一年十月二十七日

（资料来源：百度文库，2011. 重申关于销售代理人办理南航电子客票改名规定的通知 [EB/OL].（2011-11-08）[2018-09-05]. https://wenku.baidu.com/view/9bd95a2c915f804d2b16c11a.html.）

# 第二节 民航旅客接收

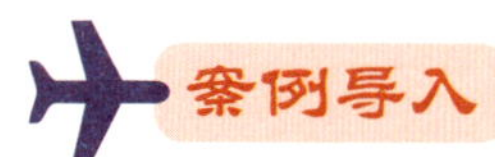


杨国庆一家三口一大早赶到机场，听有过乘机经历的朋友说，飞机上紧急出口座位的前后距离特别宽敞，赶在别人前面早点到机场能抢到这个座位。同时，杨国庆想到儿子好不容易坐一次飞机，一定要给儿子抢一个靠窗的座位，能一路上看看外面的风景。那么杨国庆能否如愿以偿呢？

## 一、旅客的概念和客舱座位安排的规定

### 1. 旅客的概念

旅客是指除机组成员以外，经航空公司同意在飞机上载运或者已经载运的任何人。

### 2. 旅客客舱座位安排的一般规定

在为旅客办理乘机手续时，需要征求旅客对座位的要求，如靠窗、靠过道、靠出口、靠厕所等。但需要注意的是，有些座位的选择是有限制条件的。对于旅客的要求，航空公司应尽可能予以满足，对无法满足的座位安排，应诚恳向旅客解释。安排座位时，应注意下列事项：

1）尽可能满足旅客的要求，为其挑选合适的座位（前 / 后 / 窗 / 走廊）。

2）按照平衡的要求，将旅客集中安排就坐。

3）团体旅客、同行旅客、同一家庭成员或需互相照顾的旅客，座位尽量安排在一起。

4）不同宗教信仰或不同政治态度的旅客，不要将座位安排在一起。

5）紧急出口处的座位不能安排未成年旅客或病残旅客，以及精神状态不佳的

旅客。

6）行动不便的旅客和无成人陪伴的儿童，其座位应安排在便于乘务员照顾的地方。

7）携带外交信袋的外交信使和押运外币的押运员，其座位应安排在便于上下飞机的地方。

### 3. 限制座位安排的规定

限制座位主要是指紧急出口座位［图 2-10（a）和（b）]，即旅客从该座位可以不绕过障碍物直接到达出口的座位和旅客从离出口最近的过道到达出口必经的成排座位中的每个座位。

（a）

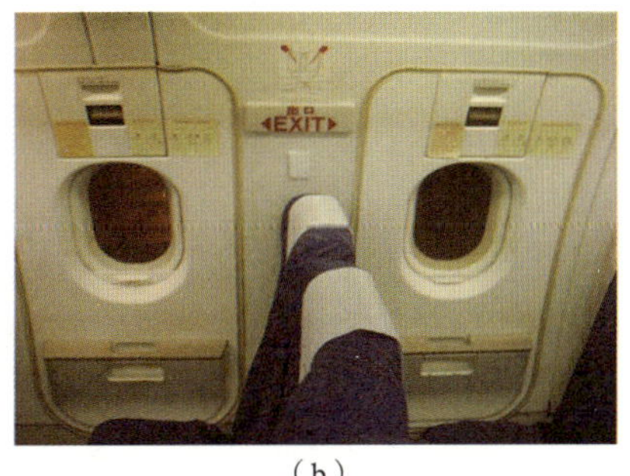


（b）

图 2-10　紧急出口座位

所有安排在紧急出口座位的旅客在发生紧急情况时，应履行以下职责：

1）能够协助机组处理应急事件。

2）能够正确理解紧急出口开启指令。

3）找到并开启紧急出口装置。

4）正确判断当开启紧急出口时，是否会对其他旅客造成伤害。

5）执行机组给予的口头指令或手势。

6）判断救生设备状况，放下滑梯，固定救生梯并协助他人迅速撤离飞机。

禁止在任何航班上安排紧急出口座位给以下旅客：

1）残疾旅客（包括盲人、聋哑旅客）。

2）年迈或体弱的旅客。

3）儿童和婴儿（无论是否有陪伴）。

4）行为限制的旅客、遣返的旅客、押运刑事犯人。

5）过于肥胖的旅客。

6）飞行需要他人帮助的旅客。

7）不愿意履行占用紧急出口座位的乘坐职责的旅客。

知识加油站

### 常旅客与常旅客计划

常旅客是指经常坐飞机，加入航空公司常旅客计划，成为其会员的旅客。每位会员都会有航空公司的里程卡，又称会员卡，卡号即为该旅客的常旅客号。

常旅客计划是指航空公司向经常乘坐其航班的旅客推出的以里程累积奖励为主的促销手段，是吸引公务商务旅客、提高航空公司竞争力的一种市场手段。

早在20世纪80年代初，航空公司就开始引入常旅客计划。当时，作为一种客户忠诚度计划，的确取得了一定的效果。随后世界上大部分航空公司都有了自己的常旅客计划。航空公司的常旅客计划被认为是民航史上最成功的市场创新活动。

1994年，国航最早在国内推出了常旅客计划和相应的知音卡。1998年7月，东方航空正式推出了常旅客计划。随后，厦门航空有限公司（以下简称厦门航空）、南方航空、北京航空有限责任公司（以下简称北京航空）等也相继推出了自己的常旅客计划。

航空公司为实施常旅客计划均成立了俱乐部，如国航俱乐部、东方航空金燕俱乐部等。符合各航空公司常旅客计划要求的旅客均可申请加入相应的航空公司俱乐部，并得到一张会员卡。会员通过乘坐该航空公司的航班而得到里程，也可通过在该航空公司的合作伙伴，如酒店处消费而得到里程。当里程达到一定标准时，会员可用所得里程换取免费机票、免费升舱或其他指定的奖励。

## 二、特殊旅客的概念和接收规定

### 1. 特殊旅客的概念

特殊旅客是指在接受旅客运输和旅客在运输过程中，或需给予特别照顾，或需符合航空公司规定的运输条件，经航空公司预先同意并在必要时做出安排后，方予载运的旅客。

### 2. 特殊旅客的接收规定

相对于普通旅客，特殊旅客的情况比较复杂，如果处理稍有疏忽，就容易造成不良影响或损害其他旅客，甚至会危及飞机安全。特殊旅客分为以下类别。

（1）婴儿旅客

开始运输之日年龄不满2周岁的旅客，称为婴儿旅客。由于新生儿的抵抗力差，呼吸功能不完善，咽鼓管又较短，鼻咽部常有黏液阻塞，飞机升降时气压变化大，对身体刺激大，新生儿又不会做吞咽动作，难以保持鼓膜内外压力的平衡，因此航空公司一般规定新生婴儿出生不足14天不能乘机。

（2）重要旅客

重要旅客（very important person，VIP）是指航空公司对具有一定身份、职务或社会知名度的旅客，从购票到乘机的整个过程都将给予特别的礼遇和特殊的照顾。

按国务院和中国民航局的相关文件规定，重要旅客包括：①省、部级（含副职）以上的负责人；②军队在职正军职少将以上的负责人；③公使、大使级外交使节；④由各部、委以上单位或我驻外使、领馆提出要求按重要旅客接待的客人。

各航空公司均非常注重重要旅客的运输工作，会向他们提供高规格的服务。

（3）无成人陪伴儿童

年龄满 2 周岁，但是不满 12 周岁的旅客，称为儿童旅客。可接受运输的无成人陪伴儿童（图 2-11），是指年龄在 5 周岁（或 5 周岁以上）至 12 周岁以下的无 18 岁以上成人陪伴、单独乘机的儿童。年龄在 5 周岁以下的无成人陪伴儿童，不予承运。

图 2-11　无成人陪伴儿童

无成人陪伴儿童运输规定如下：

1）无成人陪伴儿童必须由儿童的父母或监护人陪送到上机地点并在儿童的下机地点安排人员迎接和照料。

2）如儿童的父母或监护人在航班经停站安排人员接送和照料有困难，要求由航空公司或当地雇佣服务人员照顾儿童时，应预先提出并经航空公司同意后，方可接受运输。

3）儿童父母或监护人所安排在航班衔接站和目的站的接送人，需经航空公司接到核实无误的复电后，方可接受运输。

4）无成人陪伴儿童乘机需提前申请，否则不予受理。

（4）病残旅客

病残旅客是指身体或精神上的残疾或在医病人，在上下飞机、飞行途中及在机场地面服务过程中需要他人予以特别照料或帮助且对其他旅客一般无影响的旅客。

病残旅客可分为身体患病旅客、精神患病旅客、肢体伤残旅客、担架旅客、轮椅旅客等。

病残旅客乘机条件规定如下：①出具诊断证明书；②填写特殊旅客乘机申请书；③诊断证明书一式三份，由医生在航班离站时间前填写；特殊旅客乘机申请书一式二份，由旅客本人或其监护人或家属填写、签字。下文着重介绍轮椅旅客和担架旅客。

1）轮椅旅客（图 2-12）是指在航空旅行过程中，由于身体的缺陷或病态，不能独立行走或步行有困难，依靠轮椅代步的旅客、需要轮椅的病人或伤残旅客。根据不同的情况，轮椅旅客可分为如下三种：① WCHR：旅客能够自行上下飞机，并且在客舱内也可以自己走到自己的座位；② WCHS：旅客不能自行上下飞机，但在客舱内能够自己走到自己的座位；③ WCHC：旅客完全不能自己行动，需要由别人扶着或抬着才能进到客舱内自己的座位。

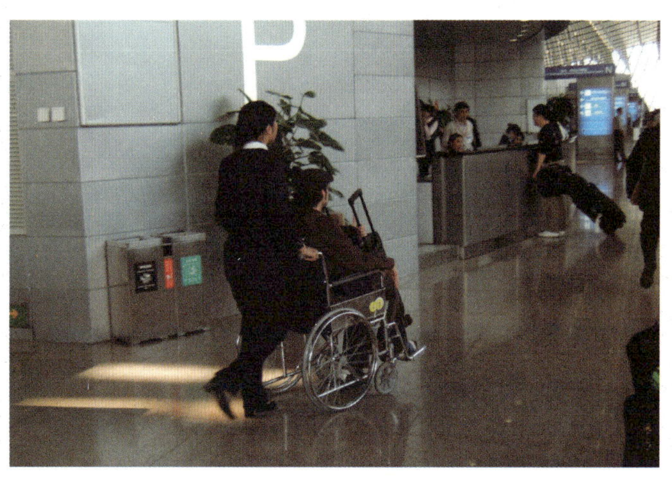

图 2-12　轮椅旅客

2）担架旅客（图 2-13）是指病残旅客在旅行中不能使用飞机上的座椅，只能躺卧在担架上的旅客。

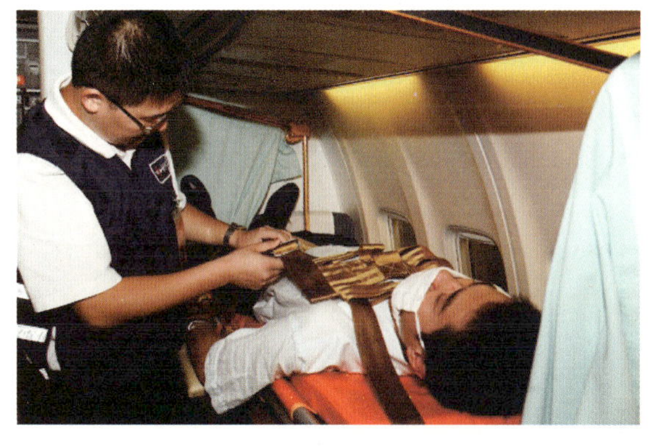

图 2-13　担架旅客

担架旅客运输规定如下：①需要担架的旅客必须在订座时提出申请；②每一航班的每一航段上，只限载运一名担架旅客。担架旅客必须至少由一名医生或护理人员陪同旅行。经由医生证明，病人在旅途中不需要医务护理时，也可由其家属或监护人陪同旅行。

（5）老年旅客

老年旅客（图 2-14）是指年迈体弱，虽然身体并未患病，在航空旅行中显然需要他人帮助的旅客。年龄超过 70 周岁，身体虚弱，需要由轮椅代步的旅客，应视同病残旅客给予适当的照料。

图 2-14　老年旅客

老年旅客乘坐飞机，如身体并未患病则不需要提供诊断证明书和特殊旅客乘机申请书，可按一般旅客的运输规定办理。

（6）孕妇旅客

孕妇旅客是指在预产期前 4 周乘坐飞机的怀孕旅客。

由于飞机飞行过程中气压变化与气流导致的颠簸，航空公司通常对孕妇乘机制定一些运输规定，只有符合运输规定的孕妇，航空公司方可接受其乘机。

孕妇旅客运输规定如下：

1）怀孕不足 8 个月（32 周）的健康孕妇，可按一般旅客运输。

2）怀孕超过 8 个月（32 周）不足 9 个月的孕妇，经医生诊断不适宜乘机者，一般不予接受。

3）怀孕超过 8 个月不足 9 个月的健康孕妇，如有特殊情况需要乘机，应在乘机前 72 小时内交验由医生签字、医疗单位盖章的诊断证明书一式二份，内容包括旅客姓名、年龄、怀孕时期、预产期、航程和日期、适宜于乘机及在机上需要提供特殊照料的事项，经航空公司同意后方可购票乘机。

4）怀孕超过 9 个月的孕妇不接受运输。

（7）盲人旅客

盲人旅客是指双目有缺陷、失明的旅客。需要注意的是，眼睛有疾病的旅客不属于盲人旅客，应按照病残旅客有关规定办理。

盲人旅客（图 2-15）运输规定如下：

图 2-15　盲人旅客

1）盲人旅客在航空旅行的整个过程中有成人陪伴同行，该盲人旅客可按照一般普通旅客接受运输。

2）单独旅行，需要航空公司提供特殊服务的盲人旅客，必须在订座时提出申请，经航空公司同意后，方可购票乘机。

3）单独旅行的盲人旅客在上下机地点应有人照料迎送。

4）盲人旅客如携带导盲犬，应符合航空公司的规定，并具备必要的检疫证明。

（8）醉酒旅客

醉酒旅客是指因过量饮酒失去自控能力，在航空旅行中明显会给其他旅客带来不愉快或可能造成不良影响的旅客。

醉酒旅客运输的一般规定如下：

1）航空公司有权根据旅客的行为、言谈、举止，对旅客是否属醉酒旅客自行判断决定。若属于醉酒旅客的，航空公司不接受运输。

2）在旅客上机地点，对于酒后闹事，有可能影响其他旅客的旅途生活的醉酒旅客，承运人有权拒绝乘机。

3）飞行途中，发现旅客处于醉态，不适合旅行或妨碍其他旅客时，机长有权在飞机上采取措施制止其行为或令其在下一个经停地点下机。

4）醉酒旅客被拒绝乘机，如需退票，应按非自愿退票处理。

（9）罪犯旅客

罪犯旅客是指受国家现行法律管束的犯人。由于犯人是受到我国现行法律管束的，在办理犯人运输时，应与有关公安部门配合。

犯人运输的一般规定如下：

1）公安部门应在订座时提出犯人运输申请，经航空公司同意后，方可购票乘机。

2）运输犯人的全航程，有关公安部门必须至少派两人，并对监送犯人负全部责任。

3）押送人员如需携带武器，由机场安全检查部门处理。

4）除中国民航局特别批准外，只能在班机上接受犯人运输。

## 三、民航旅客载运限制规定

区别于其他交通运输方式，民航运输基于保证旅客安全的考虑，制定了以下载运限制规定。

### 1. 拒绝运输规定

航空公司根据自己合理的判断，认为有下列情况之一时，可以决定对任何旅客拒绝运输或拒绝续程运输（包括要求中途下机）或取消已定妥的座位：

1）为了保证安全。

2）为了遵守我国的法律、政府规定和命令。

3）旅客其行为、精神或健康情况需要航空公司给予特殊照顾，或会让其他旅客反感，或者对其本人、其他旅客或财产可能造成任何危害。

4）旅客不遵守航空公司的规定，或不听从航空公司的安排和劝导。

5）有特殊恶臭、外形怪异或有特殊怪癖，可能对其他旅客造成不良影响者。

6）患有传染疾病者。

7）为了避免旅客可能对其他旅客及其自身造成危害。

### 2. 不予载运规定

当飞机载重量或座位不足时，航空公司有权根据自己合理的判断决定不予载运的任何旅客、行李和其他物品。

### 3. 有条件载运

无成人陪伴儿童、病残旅客、老年旅客、孕妇旅客、盲人旅客、醉酒旅客和罪犯旅客等特殊旅客，只有在符合航空公司规定的运输条件下，并经航空公司同意方予载运。

### 4. 载运限制的补偿

1）根据上述规定被拒绝运输和拒绝续程运输（包括要求中途下机）或取消已定妥座位的任何旅客，航空公司不给予该旅客赔偿，只限按照非自愿退票规定办理退票。

2）由于座位超售而不予载运的旅客，航空公司按照有关超售补偿规定予以经济补偿，经济补偿应参照有关航空公司具体规定办理。

# 第三节 旅客行李收运

## 案例导入

为了这次探亲，杨国庆做了充分的准备。除了给父母和亲戚准备的各种礼品之外，自己一家人的行李还有整整两大箱。杨国庆听说航空公司行李运输收费很高，不划算，所以这次他决定所有行李都自己随身携带，这样也放心。那么杨国庆的想法正确吗？

民航运输中的行李是指旅客在旅行中为穿着、使用、舒适或者便利而携带的必要或者适量的物品和其他个人财物。

## 一、行李运输的一般规定

### 1. 行李的分类

根据运输责任，行李可分为托运行李、自理行李和随身携带物品。

（1）托运行李

托运行李是指旅客交由航空公司负责照管、运输并填开行李票的行李。

（2）自理行李

自理行李是指经航空公司同意，由旅客自行负责照管的行李。

（3）随身携带物品

随身携带物品是指经航空公司同意由旅客自行携带进入客舱的小件物品。

### 2. 行李的重量和体积限制

（1）托运行李的重量和体积限制

托运行李（图 2-16）的重量每件不能超过 50 千克，体积每件不能超过 40 厘米 ×60 厘米 ×100 厘米，但不小于 5 厘米 ×15 厘米 ×20 厘米。超过上述规定的行李，须事先征得航空公司的同意才能托运。

（2）自理行李的重量和体积限制

每一位旅客携带自理行李的重量一般不能超过 10 千克，体积每件不超过 20 厘米×40 厘米×55 厘米。旅客在办理乘机手续时，可以通过航空公司提供的检测装置（图 2-17）确认自理行李是否符合规定。

图 2-16　托运行李

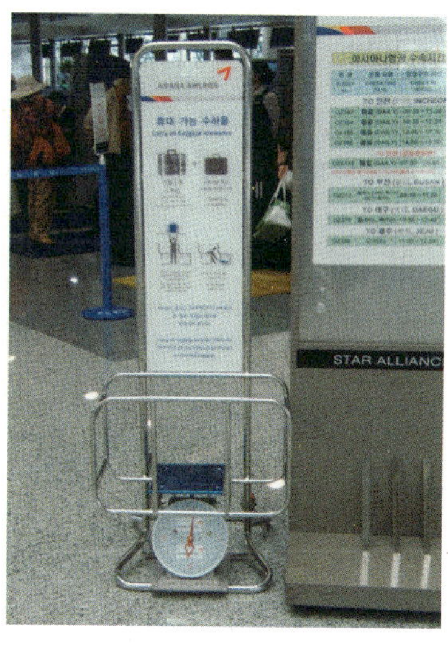


图 2-17　自理行李检测装置

（3）随身携带物品的重量和体积限制

每件随身携带物品的体积不得超过 20 厘米 ×40 厘米 ×55 厘米，总重量不得超过 5 千克，并将其放置在客舱中的行李架（图 2-18）上。持头等舱客票的旅客，每人可随身携带两件物品；持公务舱或经济舱的旅客，每人只能随身携带一件物品。

图 2-18　客舱中的行李架

知识加油站

### 行李追踪全球计划

为了提高行李处理效率和准确性，国际航空运输协会发布的 753 号决议于 2018 年 6 月生效。要求成员航空公司和机场至少在以下四个点（图 2-19）对行李实施记录及追踪：收运、装机、中转、到达。在需要的时候，以上行李记录及追踪信息将能在联程航空公司间进行交换。

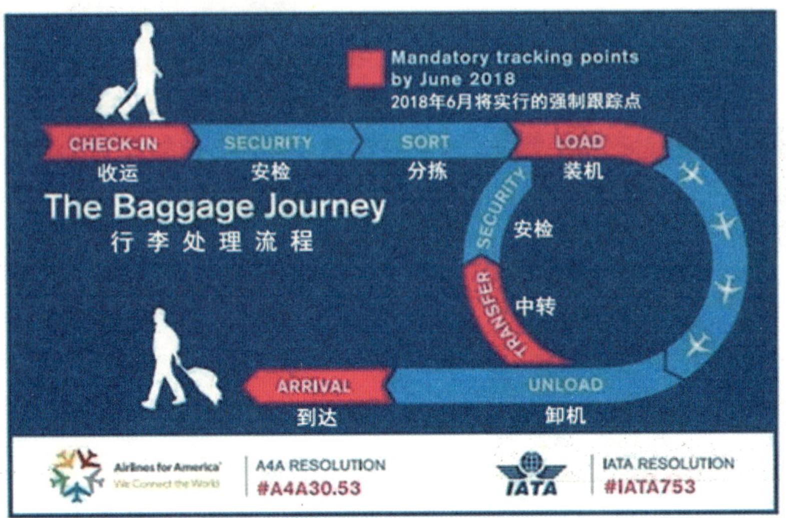


图 2-19 行李处理流程中的各个强制跟踪点

753 号决议是国际航空运输协会与美国航空运输协会（Air Transport Association of America，ATA）共同推出的、旨在提升行李操作效率并减少行李不正常数量的全球行李追踪计划。

为了满足 753 号决议的要求，整个行业已针对行李追踪部署了相关投资计划。目前，针对行李跟踪应用最广的是射频识别（Radio Frequency Identification，RFID）技术。

射频识别是一种无线通信技术，又称无线射频识别，俗称电子标签。可以通过无线电信号识别特定目标并读写相关数据。通过部署内置于行李牌中的射频识别芯片，它们可在旅途的各个关键点上，实时、准确地追踪旅客行李。在机场登记柜台处，工作人员给旅客的行李贴上射频识别标签。在柜台、行李传送带和货舱处，机场分别安装上射频读写器。这样航空管理系统就可以全程跟踪行李，直到行李到达旅客的手中，解决了以往存在的行李丢失问题。这是航空公司应用射频识别技术最多的地方。

国际航空电信协会（Society International De Telecommunicatioan Aero-nautiques，SITA）和国际航空运输协会表示，将被全面用于行李跟踪的全球部署射频识别技术，能使航空运输业在未来几年内节省 30 多亿美元，并为乘客提供更可靠、更安心的行李服务。

目前已有多家航空公司和机场在行李处理中应用了射频识别技术，如新西兰航空公司、澳洲航空公司和阿拉斯加航空公司都曾为常旅客提供永久使用的行李牌；2016 年，达美航空公司投资了 5000 万美元，用于在全球 344 个站点部署射频识别技术；奥兰多国际机场是最新投资射频识别技术的机场；2015 年 1 月 21

日，武汉机场射频识别值机系统正式投入使用，系统包含射频识别行李标签与射频识别打印机设备；2017 年 6 月 14 日，佛山机场正式投入使用射频识别行李跟踪系统，这也是全国第一家射频识别行李跟踪系统全覆盖的机场；2017 年 8 月 29 日正式投入使用的重庆机场 T3A 航站楼也使用了射频识别系统。

另外，美国航空公司对行李追踪系统做出重大改进，在现有移动 App 的基础上添加了一系列通知功能。这套名为旅客行李通知（customer baggage notification，CBN）的服务，在托运行李早到或者晚到行李传送带时，通过移动客户端及时通知旅客，以便旅客实时有效地得知行李的具体位置。

（资料来源：民航新闻，2016．IATA：实时行李追踪将为航空业节省 30 亿美元 [EB/OL].（2016-10-31）[2018-09-05]．http://news.carnoc.com/list/375/375591.html.）

### 3. 行李的包装规定

托运行李必须包装完善、锁扣完好、捆扎牢固（图 2-20），能承受一定的压力，能够在正常的操作条件卜安全装卸和运输，并应当符合规定条件；否则，航空公司可以拒绝收运。托运行李规定条件如下：

1）旅行箱、旅行袋和手提包等必须加锁。

2）两件以上的包件，不能捆为一件。

3）行李上不能附插其他物品。

4）竹篮、网兜、草绳、草袋等不能作为行李的外包装物。

5）行李上应当写明旅客的姓名、详细地址、电话号码。

图 2-20　托运行李打包

## 二、免除部分运输责任行李

在运输过程中，因包装、内容、体积、重量、保管条件等原因可能产生损坏、毁灭、丢失、死亡、迟运的行李，须经过承运人同意，由工作人员填写免除责任行李牌，并由旅客自愿签署免除航空公司相应部分责任内容的文本。

### 1. 需要填写免除责任行李牌的行李范围

（1）托运行李中含易碎品或行李包装不符合要求

受飞机起飞、降落、空中颠簸等因素影响，行李容易相互挤压而变形。此外，在搬运行李的过程中，如果捆扎不牢固，也会出现散落和开包现象。因此，旅客交运的行李应该包装完整、锁扣完好、捆扎牢固，并能够承受一定的压力。竹篮、网兜、草绳、草袋等，不能作为行李的外包装。

（2）托运行李中含易腐物品

常见的易腐物品有海鲜、水果、化学药剂等。航空运输受外界影响较大，有时会因为不可控制的原因，导致航班长时间延误，这类物品容易腐烂，甚至会影响或浸染到其他旅客的行李。

（3）旅客晚（迟）交运的托运行李

少数旅客因为种种原因，到机场登机柜台办理手续的时间很紧张，虽然最终人登上了飞机，可行李却来不及装机，为了保证航班正点起飞，工作人员只能将行李装到后续航班上。

（4）超过客舱允许尺寸和重量的托运行李

有些旅客为了方便，没有在办理登机手续时交运携带的行李。由于行李超过了飞机客舱允许的尺寸和重量，承运人为了维护客舱秩序和其他旅客的权益，临时在登机口给旅客办理行李托运手续。

（5）交运时行李已经有破损

交运时行李已经有破损的情况包括行李在交承运人管理和运输前就出现了诸如锁或拉链损坏、把手或箱包带破损、箱体变形、箱体有凹陷、箱包被挤压、边角破损、有划痕和已经被雨淋或水溅等情况。

### 2. 免除责任行李牌

免除责任行李牌（图 2-21）是承运人在履行了必要的事先对旅客尽到告知义务的手续后，对旅客行李拴挂的免除承运人赔偿责任的行李牌。

航空公司给旅客的行李上拴挂这种行李牌，必须事先征得旅客的同意，且需要请旅客对认可的项目签字，这样才能使这张行李牌生效。

免除责任行李牌意味着旅客在此次航空运输中，认可并同意承运人在保管和运输此件行李时，一旦发生行李牌中标明内容的损失，无权对承运人索要相应损失的赔偿，因此旅客在签字前应仔细核对所表述和勾画的项目，特别是交运已经破损的行李时，一定要对破损的部位加以确认。因为在航空运输途中，托运行李有可能再次发生破损，而免责牌上所免除的承运人赔偿责任只针对事先确认的内容。

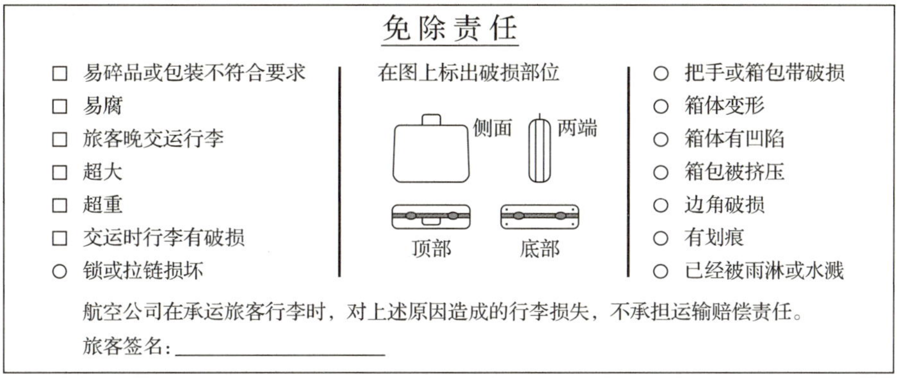

免除责任

□ 易碎品或包装不符合要求
□ 易腐
□ 旅客晚交运行李
□ 超大
□ 超重
□ 交运时行李有破损
○ 锁或拉链损坏

在图上标出破损部位
侧面　两端
顶部　底部

○ 把手或箱包带破损
○ 箱体变形
○ 箱体有凹陷
○ 箱包被挤压
○ 边角破损
○ 有划痕
○ 已经被雨淋或水溅

航空公司在承运旅客行李时，对上述原因造成的行李损失，不承担运输赔偿责任。
旅客签名：____________

图 2-21　免除责任行李牌

## 三、免费行李额规定

根据国际航空运输协会发布的 302 号决议，国际航空运输协会成员航空公司自行制定行李运输政策和相关逾重行李计费标准，旅客可享受到不同航空公司提供的多元化的行李运输服务。

由于不同航空公司、不同航线、不同舱位执行不同的行李运输政策，具体的免费行李额和行李收费标准以客票上标明的重量或以被选定的航空公司的行李规则为准。

### 1. 计重制

中国的航空公司在国内航线和部分国际航线（如中国与部分亚洲国家之间）上一般实行如下计重制免费行李额：

（1）持成人或儿童客票的旅客免费行李额

头等舱——40 千克；

公务舱——30 千克；

经济舱——20 千克。

每件行李长、宽、高分别不得超过 100 厘米、60 厘米、40 厘米。

（2）持婴儿客票的旅客免费行李额

国内航线——一般无免费行李额。

国际航线——10 千克，每件行李长、宽、高分别不得超过 100 厘米、60 厘米、40 厘米。另可免费托运一辆折叠式婴儿车或摇篮。

部分航空公司国内航线经济舱免费行李额如表 2-2 所示。

表 2-2　部分航空公司国内航线经济舱免费行李额

| 航空公司 | 免费托运行李额 / 千克 | 托运行李大小限制 / 厘米 | 随身行李重量限制 /（千克 / 件） | 随身行李大小限制 / 厘米 |
|---|---|---|---|---|
| 东方航空 | 20 | 100 × 60 × 40 | 10 | 55 × 40 × 20 |
| 南方航空 | 20 | 100 × 60 × 40 | 5 | 长 + 宽 + 高≤115 |
| 国航 | 20 | 100 × 60 × 40 | 5 | 55 × 40 × 20 |
| 春秋航空股份有限公司（以下简称春秋航空） | P 系列 R 系列舱、X/U/E 舱 = 0<br>Y/S/H/V/K/L/M/N/Q/T/W 舱 = 随身 + 托运 = 15 | 不详 | 7 | 40 × 30 × 20 |
| 四川航空股份有限公司（以下简称四川航空） | 20 | 100 × 60 × 40 | 5 | 55 × 40 × 20 |
| 上海吉祥航空有限公司（以下简称吉祥航空） | 20 | 100 × 60 × 40 | 5 | 55 × 40 × 20 |
| 厦门航空 | 20 | 100 × 60 × 40 | 5 | 55 × 40 × 20 |
| 海南航空 | 20 | 100 × 60 × 40 | 5 | 55 × 40 × 20 |
| 深圳航空 | 20 | 100 × 60 × 40 | 5 | 55 × 40 × 20 |
| 山东航空股份有限公司（以下简称山东航空） | 20 | 100 × 60 × 40 | 5 | 55 × 40 × 20（B737 机型）<br>55 × 35 × 15（CRJ 机型） |

### 2. 计件制

各航空公司的行李运输政策不尽相同，但遵循以下基本标准：

（1）持成人或儿童客票的旅客免费行李额

头等舱——3 件（32 千克 / 件）；

公务舱——2 件（32 千克 / 件）；

经济舱——2 件（23 千克 / 件）。

每件行李长、宽、高的三边之和不得超过 158 厘米。

（2）持婴儿客票的旅客免费行李额

持婴儿客票（无论何种舱位）的旅客可免费托运一件行李，重量不得超过 23 千克，其长、宽、高之和不得超过 115 厘米。

## 四、行李的声明价值

### 1. 国内航线规定

国内航线的旅客托运行李，每千克价值超过人民币 100 元时，可以办理行李的声明价值。航空公司应当按旅客声明的价值中超过规定限额部分的价值的 0.5% 收取声明价值附加费。金额以元为单位。托运行李的声明价值不能超过行李本身的实际价值。每一名旅客的行李声明价值最高限额为人民币 8000 元。如果航空公司对声明价值有异议而旅客又拒绝接受检查时，航空公司有权拒绝收运。

#### 2. 国际、地区航线规定

国际、地区航线的旅客托运行李，每千克价值超过 20 美元时，可以办理行李的声明价值。每一名旅客的行李声明价值最高限额为 2500 美元。

## 第四节 不正常运输处理

杨国庆一家三口办完乘机手续，又顺利通过了安全检查，来到了候机大厅。一大早出来的他们还没吃早饭，于是选了一家快餐店进餐。等吃完早饭，杨国庆才发现离飞机起飞时间只有 5 分钟了。第一次出来坐飞机的他们不熟悉虹桥机场的登机口布局，在热心人的帮助下才知道了登机口的大致方位。妻子王德美在一旁安慰道："不用急，刚才托运行李的时候我问清楚了，我们的行李和我们在同一架飞机上。行李都上去了，飞机会等我们的。再说了，我们买票的时候看得清清楚楚，后面飞成都的飞机有很多，实在不行就换另一航班，最多晚点到家。"

听了妻子的话，杨国庆定下心来，不慌不忙地找到了他们那个航班的登机口。虽然迟到了 5 分钟，但是由于航班延误，旅客们还都在一旁等待。那么，王德美的话有道理吗？

不正常运输主要包括旅客运输不正常和航班运输不正常两大类。

### 一、旅客运输不正常处理

旅客购买客票后，无论任何情况，必须按照承运人规定的时间到达值机柜台和登机口。但是，由于旅客自身的原因、航空公司的原因或某些不可抗力，有时旅客的行程会发生一些意外情况。出现意外情况，不仅会给旅客带来不便，也会给航空公司带来经济效益和社会效益上的损失。

旅客运输不正常包括误机、漏乘和错乘三种情况。

#### 1. 误机的概念和处理规定

误机是指旅客未按规定时间办妥乘机手续，或因旅行证件不符合规定等其他原因未能乘机。

旅客发生误机，应到乘机机场或原购票地点办理改乘航班、退票手续。如旅客要求改乘后续航班，在后续航班有空余座位的情况下，航空公司工作人员应积极予以安排，不收误机费，但必须在旅客客票乘机联上加盖“误机 /NOSHOW”的印章。

旅客误机后，如要求退票，航空公司将按客票的票价及其适用条件收取退票手续费（图 2-22）。

| 退改签费用 | | | |
|---|---|---|---|
| 签转条件 | 起飞前2小时以前 | 2小时以内 | 起飞后 |
| | 不可签转 | 不可签转 | 不可签转 |
| 改期费 | 起飞前2小时以前 | 2小时以内 | 起飞后 |
| | 票面价格30% | 票面价格50% | 票面价格50% |
| 退票费 | 起飞前2小时以前 | 2小时以内 | 起飞后 |
| | 票面价格50% | 不允许 | 不允许 |

注：同舱位变更，如变更前后的适用票价之间存在差价，需补足差价；改期费与升舱费同时发生时，则需同时收取改期费和升舱差额。退票应在首次运输开始之日起（客票第一航段未使用的，从客票填开之日起）13 个月内提出，逾期不予办理。当预定的舱位作为特殊运价、特殊产品使用时，退改签规则按特殊规定执行。

图 2-22　旅客客票退改费用规定

### 2. 漏乘的概念和处理规定

漏乘是指旅客在航班始发站办理乘机手续后或在经停站过站时，未搭乘上指定的航班。发生旅客漏乘情况时，应首先查明漏乘原因，根据不同的漏乘原因进行处理。

（1）由于旅客的原因造成漏乘

1）在始发站发现旅客漏乘，航空公司应按误机有关规定处理，即旅客可办理改乘后续航班，也可以办理退票。

2）在中途站发现旅客漏乘，旅客不得改乘后续航班，航空公司应按旅客自动终止旅行处理，该航班未使用的航段的票款不予退还。

（2）由于航空公司的原因造成漏乘

航空公司应尽早安排旅客乘坐后续航班，并按航班不正常的有关规定，承担漏乘旅客等候后续航班期间的膳宿费用。

### 3. 错乘的概念和处理规定

错乘是指旅客乘坐了不是客票的适用乘机联上列明的运输地点的航班。

（1）由于旅客的原因错乘

1）在始发站发现错乘，航空公司应安排错乘旅客搭乘飞往旅客客票乘机联上列明地点的最早航班，票款不补不退。

2）在中途站发现旅客错乘，应中止其旅行，航空公司应安排错乘旅客搭乘飞往旅客客票上列明的目的地的直达航班，票款不补不退。

（2）由于航空公司的原因错乘

航空公司应向旅客赔礼道歉，妥善安排旅客，并应承担错乘旅客在等候后续航班期间的膳宿费用。

1）在始发站发现旅客错乘，航空公司应安排错乘旅客搭乘最早飞往旅客客票上列明地点的最早航班。如旅客要求退票，应按非自愿退票处理。

2）在中途站发现旅客错乘，应中止其旅行，航空公司应尽可能安排错乘旅客搭乘飞往旅客客票上列明的目的地的直达航班。如旅客要求退票，应按非自愿退票处理，退还自错乘地点至旅客客票上列明的目的地的票款。但是，任何情况下退款都不得超过旅客实付票款。

## 二、航班运输不正常处理

飞机都晚点4个多小时了，杨国庆一家三口已经丝毫没有了第一次坐飞机的兴奋，一大早出来的他们疲惫不堪。登机口反复广播着因为特殊天气航班起飞时间待定的通知。妻子抱怨说，还不如退票，用退票拿到的钱去买火车票还有剩余。正当杨国庆犹豫不决的时候，他看到有几个旅客已经忍不住围住登机口的工作人员要求赔偿，甚至有旅客说以前赔偿了他1000元。杨国庆心想，如果能给每个人赔偿1000元倒也不错，于是他也加入了要求赔偿的队伍。那么，对于杨国庆一家碰到的情况，航空公司会如何处理呢？

由于我国航空市场的发展，选择乘坐飞机的旅客明显增多，发生航班延误（图2-23）的概率也随之增加。

造成航班不正常的原因大致可分五大类二十余种，包括天气原因、空中交通管制、机场保障、旅客自身及航空公司原因。其中，航空公司原因又可分为飞机晚到、公司计划、机械故障、空勤人员原因等。

具体而言，特殊天气是不可抗力的因素，也较易得到旅客的理解。因空中管制造成的飞机延误也十分常见。与此同时，由于无线电通信干扰飞机正常运行、广告气球非法升空、机场周边居民放风筝、鸽子乱飞等造成航班延误的情况呈上升趋势。

近两年，因个别旅客的不当行为影响航班延误的事件逐渐增多。如晚到、拿到登机牌后不按时登机、不按要求接受安全检查、行李超重不托运、戏称“带有炸弹”等恶作剧，都会导致航班延误甚至取消。

图 2-23 航班延误场景

航班运输不正常主要包括航班延误、航班取消、航班合并和航班超售等现象，在这里我们主要介绍航班延误和航班超售这两种常见的航班运输不正常现象。

### 1. 航班延误的处理规定

（1）中国民航局规定

2004 年 7 月 1 日，中国民用航空总局（现为中国民用航空局）出台《航班延误经济补偿指导意见》的若干规定如下。

1）航空公司因自身原因造成航班延误标准分为两个：①延误 4 小时以上、8 小时以内；②延误超过 8 小时以上。对于这两种情况，航空公司要对旅客进行经济补偿。

2）补偿方式可以通过现金、购票折扣和返还里程等方式予以兑现；在航班延误的情况下，为了不再造成新的延误，经济补偿一般不在机场进行，航空公司可以采用登记、信函等方式进行。

3）机场应该制止旅客在航班延误后采取罢乘、占机等方式影响航班的正常飞行。

（2）中国航空运输协会规定

2010 年 11 月 1 日，中国航空运输协会下发《航空运输服务质量不正常航班承运人服务和补偿规范（试行）》，除了春秋航空外，国内航空公司将实施新的延误补偿标准。

据了解，该规范适用于在国内运输过程中的不正常航班旅客服务中信息提供、航班服务、客票的退改签及补偿等，在补偿中分为非承运人原因和承运人原因。前者是指天气、突发事件、空中交通管制、安全检查、旅客或公共安全等原因；后者是指航班计划、机务原因、航班调配、运输服务、机组等原因。

1）非承运人原因致延误不补偿、不包住宿。该规范提出，非承运人原因造成航班不正常，航空公司不承担补偿责任，机场或航空公司协助旅客联系餐饮服务和休息场所，相关费用由旅客自理。

不过，也有例外：任何原因造成航班在经停站延误，航空公司应根据需要向经停旅客提供免费的餐饮服务和住宿场所，如航班备降。

2）延误 4 小时以上才有现金补偿。由于承运人原因造成航班延误、取消，客票的退改签费用由航空公司承担。

航空公司应根据延误时间向旅客提供免费的餐饮服务和休息场所。延误预计在 1～4 小时以内（含 4 小时）的航班，及时向旅客提供餐饮。

4 小时以上，则安排休息场所。在原预定航班离站时间后 4～8 小时（含 8 小时）内成行，还向旅客提供价值 300 元的购票折扣、里程或其他方式的等值补偿，或是人民币 200 元。

在 8 小时以后成行的，向旅客提供价值 450 元购票折扣、里程或其他方式的等值补偿，或是人民币 300 元。

3）换乘高铁无需补偿。航空公司在客票列明的离站时间 24 小时前已通知旅客航班取消，旅客接受变更航班或者选择退票，将无需补偿。

如向旅客提供其他航班或其他运输方式，使旅客在原预计到达时间之后 4 小时内到达最终目的站，但旅客放弃该服务，也无需补偿。例如，武汉飞广州航班取消，航空公司安排旅客改乘武广高铁到广州，则无需补偿。

4）旅客霸机延误时间不纳入补偿。

依据规范，由于旅客拒绝上下机造成的航班延误时间，不计入承运人原因造成的累计延误时间。

### 2. 航班超售的处理规定

（1）航班超售的概念和原因

超售（over sale）是指超过航班最大允许座位的销售。超售是目前航空公司在运输旺季经常采用的一种营销手段。例如，一架从北京到广州的波音 747 客机拥有 400 个座位，航空公司对这 400 个座位则可能接受 450 个预订。这样，当一名旅客手持机票来到机场办理乘机手续时，就有可能因为航班的超售满员而被拒绝登机（denied boarding，DB）。

那么，航空公司为什么要不惜牺牲旅客的利益而超售？主要是因为有些旅客预订机票后却不乘机，或在离起飞时间很近时取消订座。为了确保航空公司的经济效益，航空公司便采取航班超售的措施来提高航班载客率。超售是目前航空公司普遍的做法。

（2）航班超售的种类和处理

1）部分超售。航空公司一般采用非自愿变更舱位的方式处理部分超售现象。

承运人由于非旅客原因，无法向持低等级舱位客票的旅客提供相应等级舱位座位，同时该航班剩余其他高等级舱位座位时，经旅客本人同意，可以给予逐级免费升舱，但免费行李额不变，原等级舱位地面服务标准不变。

承运人由于非旅客原因，无法向持高等级舱位客票的旅客提供相应等级舱位座位，同时该航班剩余其他低等级舱位座位时，经旅客本人同意，可以给予逐级降舱，多余的票款退还给旅客。免费行李额不变，原等级舱位地面服务标准不变。

2）完全超售。由于航空公司原因或其他非旅客原因，造成航班座位超员或实际座位减少等，使得航班不能满足所有持有定妥座位客票的旅客相应座位，这种情况我们称为完全超售。这种情况下，需要部分旅客自愿，或经动员、劝说等方式后放弃乘坐原航班。

## 第五节 不正常行李处理

飞往成都的航班顺利抵达了双流国际机场，杨国庆一家三口跟随着人流前往行李提取转盘提取托运的行李。等了差不多 15 分钟，好不容易等到行李一件一件出来了，可他们只找到一件行李和大闸蟹盒子。给岳父准备的一箱白酒却有一瓶被打碎了，更糟糕的是还有一个行李箱一直没出来。杨国庆气愤地对着一旁的航空公司工作人员说："我说自己照看，你们非让我托运，这下好了，酒瓶也被打碎了，行李居然还不见了，我也太倒霉了，你们赶紧赔钱吧！"那么，航空公司工作人员会如何处理杨国庆的行李问题呢？

### 一、行李交付常识

#### 1. 行李交付的一般规定

1）旅客应在航班到达后，立即在机场凭行李牌的识别联领取行李。必要时，应交验客票。

2）承运人凭行李牌的识别联交付行李，对于领取行李的人是否确系旅客本人，以及由此造成的损失及费用，不承担责任。

3）旅客在领取行李时，如果没有提出异议，即为托运行李已经完好交付。

4）旅客遗失行李牌的识别联，应立即向承运人挂失。旅客如果要求领取行李，应向承运人提供足够的证明，并在领取行李时出具收据。如果在声明挂失前行李已被冒领，则承运人不承担责任。

### 2. 航班到达后首件及末件行李的交付时间

1）200 座以上的机型：首件行李应在 20 分钟内交付旅客，末件行李应在 60 分钟内全部交付完毕。

2）200 座以下的机型：首件行李应在 15 分钟内交付旅客，末件行李应在 45 分钟内全部交付完毕。

3）不同航站情况不同，标准有所不同。

## 二、行李不正常运输类别

行李不正常运输是指行李在运输过程中，由于航空公司工作疏忽、过失或其他原因造成的行李运输差错或行李运输事故，如行李迟运、错运、错卸、漏卸、错发、损坏、遗失等，造成承运人不能按照客票上的约定将旅客托运的行李及时完好地交付旅客。航空公司有一个专门处理行李不正常运输的部门——行李查询部门（图 2-24）。行李运输不正常情况可以分为以下类别。

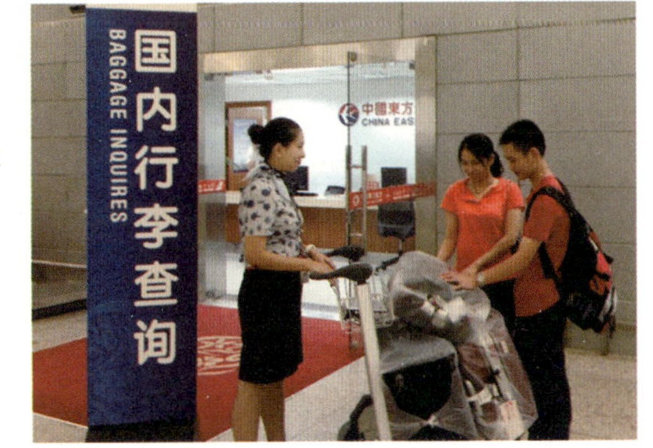

图 2-24 航空公司行李查询服务部门

### 1. 少收行李

到达站没有收到按照规定应该随旅客同机运达的托运行李，称之为少收行李。

少收行李又分为到达少收、代查少收、出发少收行李等情况。

### 2. 多收行李

多收行李是指航班到达后无人领取的行李、因行李牌脱落或旅客迟到等原因而导致无法与旅客同机运出的行李。

多收行李又分为错运行李、脱牌行李、无人认领行李、迟到行李及迟运行李等情况。

### 3. 行李破损 / 内物短少

行李破损 / 内物短少是指在运输过程中，旅客所托运的行李的外部受到损伤或受污染，因而使行李的外包装和 / 或内装物品价值遭受损失的情况。

## 三、行李不正常运输处理规定

行李发生不正常运输情况后，航空公司应从全局出发，严格按照有关规定认真负责、及时妥善地处理（图 2-25）。

图 2-25　工作人员正在处理不正常运输行李

在运输的过程中，由于承运人的过失使旅客的托运行李全部或部分遭受延误、丢失、损坏或污染，承运人应负赔偿责任。

### 1. 遗失行李的赔偿规定

1）属国内运输的托运行李发生遗失，赔偿金额每千克不超过人民币 100 元。如果行李的价值每千克低于人民币 100 元时，按照实际价值赔偿。已收逾重行李费应退还。

2）属国际运输（包括构成国际运输的国内航段）的托运行李发生遗失，赔偿金额每千克不超过 20 美元。如果行李的价值每千克低于 20 美元时，按照实际价值赔偿。

3）旅客丢失行李的重量按照实际托运的重量计算，无法确定重量的，每一旅客的丢失行李最多只能按照旅客享受的免费行李额赔偿。

4）已赔偿的旅客丢失行李找到后，承运人应迅速通知旅客领取，旅客应将自己的行李领回，退还全部赔款。临时生活用品补偿费不退。但发现旅客有明显欺诈行为的，承运人有权追回全部赔款。

### 2. 破损、污染或内物短少行李的赔偿规定

1）属国内运输的托运行李全部或部分损坏、污染或内物短少，赔偿金额每千克不超过人民币 100 元。如果行李的价值每千克低于人民币 100 元时，按照实际价值赔偿。已收逾重行李费退还。

2）属国际运输（包括构成国际运输的国内航段）的托运行李全部或部分损坏、污染或内物短少，赔偿金额每千克不超过 20 美元。如果行李的价值每千克低于 20 美元时，按照实际价值赔偿。

3）旅客的托运行李部分遭受损失，不管其损失价值如何，只能按所占损失行李全

部重量中的比例赔偿。但是由于部分损失而影响同一件或同一批行李的其他物品的价值时，应当将受到影响的物品的重量一并算入行李赔偿重量。

4）行李损坏时，按照行李降低的价值赔偿或负担修理费用。

5）损失的部分行李物品在无法准确得知实际重量时，可以参照 IATA 1744 规定的行李物品重量折算表估算出损失物品的重量。

#### 3. 限制运输行李物品的赔偿

对于下列物品的缺失，航空公司按照一般托运行李承担赔偿责任：

1）货币、珠宝、金银制品、贵重金属、贵重物品、古玩字画。

2）易碎品、易腐品。

3）流通票证及有价证券。

4）重要文件和资料、外交信袋、护照和其他证明文件或者样品。

#### 4. 已办理声明价值手续的行李的赔偿

旅客遗失、破损、污染或内物短少行李如果已办理声明价值，应按照声明价值赔偿，最高不超过人民币 8000 元，声明价值附加费不退。行李的声明价值高于实际价值时，应按照实际价值赔偿。

#### 5. 内部人员行李的赔偿

持有效客票的内部人员无论因私或因公出差，都与普通旅客享有同样的权利。但航空公司对机组、机务、签派人员及其他非航空运输合同当事人的行李不承担赔偿责任。

#### 6. 客舱管制运输物品的赔偿

对于交由航空公司照管的客舱管制运输物品的遗失、损坏、污染或内物短少，应按照一般托运行李的赔偿规定办理。

#### 7. 旅客随身携带物品的赔偿

1）旅客随身携带的物品经承运人同意由旅客自行负责照管，除非旅客能提供证明是承运人所造成的过失，否则承运人不负赔偿责任。

2）发生在上下航空器期间或航空器上的事件造成旅客的随身携带物品遗失，承运人承担的最高赔偿金额为：国际航班每位旅客不超过 400 美元，国内航班每位旅客不超过人民币 3000 元。

#### 8. 承运人不承担赔偿责任的情况

1）自然灾害或其他无法控制的原因（如战争或者武装冲突），承运人不承担赔偿责任。

2）由于遵守国家法律、规章、命令和运输规定，或者旅客未遵守这些规定，承运人不承担赔偿责任。

3）旅客随身携带物品或者托运行李的损失完全是行李本身的自然属性、质量或者缺陷造成的，承运人不承担赔偿责任。

4）行李外包装完好无损，除非能证明是航空公司过失造成外，承运人对行李内物发生损坏、遗失不负责赔偿。

5）逾重行李，若旅客未付逾重行李费用，承运人不承担逾重部分的赔偿责任。

6）行李在航空运输中因延误造成的损失，承运人应当承担赔偿责任。但是，承运人证明本人或其受雇人、代理人为了避免损失的发生，已经采取了一切必要措施或者不可能采取此种措施的，不承担赔偿责任。

7）拴挂免除责任行李牌的托运行李，可免除行李牌上所标明免除责任的项目的运输责任。

### 9. 旅客的责任

因旅客行李内装物品造成旅客本人伤害或者其行李损失的，承运人不承担责任。因旅客行李内装物品对他人造成伤害或者对他人物品或者承运人财产造成损失的，该旅客应当赔偿承运人的损失和由此支付的费用。

### 10. 承运受理赔偿的地点

一般情况下，受理旅客行李赔偿的地点为旅客的目的地或事故发生的航站。特殊情况下，航班的始发站也可受理赔偿，但必须事先与原处理不正常行李运输的航站取得联系，并且得到该航站正式委托后才能受理。

### 11. 旅客提出异议的时限和诉讼

1）旅客收到托运行李而未提出异议，为托运行李已完好交付并与运输凭证相符的初步证据。

如果旅客提取行李并离开承运人照管的区域后向承运人或授权代理人报失行李遗失、破损或内物短少，旅客必须出具证据证明行李运输事故是由承运人造成的。

托运行李发生损失的，旅客应当在发现损失后向承运人提出异议，至迟应当自收到托运行李之日起七日内提出；托运行李发生延误的，至迟应当自托运行李交付旅客处置之日起二十一日内提出。除承运人有欺诈行为外，旅客未在上述规定的期限内提出异议的，不能向承运人提出索赔诉讼。

2）托运行李的毁灭、遗失、损坏或者延误，旅客有权对第一承运人提出诉讼，旅客有权对最后承运人提出诉讼，旅客均可对发生毁灭、遗失、损坏或者延误的运输区段的承运人提出诉讼。上述承运人应当对旅客承担连带责任。

3）航空运输的诉讼时效期限为两年，自民用航空器到达目的地点、应当到达目的地或者运输终止之日起计算。

知识加油站

### 2016 年旅客增长超 12 亿，但错运行李数量下降

据国际航空电信协会 2017 年行李报告显示，从全球来看，航空公司和机场在行李处理方面正变得越来越好，亚洲和北美洲的表现均有提升，但欧洲表现出现下滑。

2016 年错运行李数量下降至 2160 万件，与 2015 年 2330 万件的水平相比，降低了 7.2%。2016 年，整体错运行李率下降了 12.25%，降至每 1000 名旅客 5.73 件（图 2-26）。以“每 1000 名旅客行李误处理数量”这一指标来看，2016 年全球该指标为 5.73，同比提升 12%。同期全球航空旅客数量增长了 5.89%，共 37.7 亿人次。

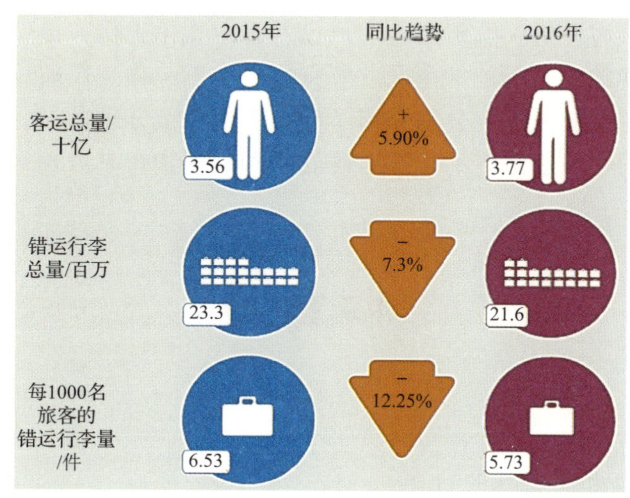


图 2-26　旅客增长与错运行李同比趋势图

但是分地区来看，欧洲航空企业的表现要低于其他地区的航空企业。2016 年，欧洲航空企业的行李误处理数量为每 1000 名旅客 8.06 件，而 2015 年该指标为 7.82。

与欧洲航空企业的这一糟糕表现形成鲜明对比的是，亚洲和北美洲航空企业的行李误处理数量不仅减少，而且同比均有改善。2016 年，亚洲航空企业的行李误处理数量仅为每 1000 名旅客 1.81 件，比 2015 年提升了 2.3%。美国航空企业的这一指标为 2.7，是“有史以来最好水平”。

国际航空电信协会未对欧洲航空企业的糟糕表现给出解释，不过其在报告中指出“使用智能技术是亚太与北美航空企业取得成功的关键因素之一”。

据国际航空电信协会2018行李报告显示，全球航空公司行李交付率再次提升。行李交付率在近十多年持续改善，自2007年以来，错运行李率下降70%。2017年是国际航空电信协会连续发布行李报告的第14年，2018年是全球航空运输业的一个转折点，越来越多的航空公司将会采用行李追踪技术。

国际航空电信协会的报告详尽阐述了行李管理在全球范围内发生的变化，以及航空旅客在未来几年可预见的重大变化。

（资料来源：民航资源网，2017．SITA 行李报告：2016 年错运行李率下降 12.25%[EB/OL].（2017-05-08）[2018-09-05]．http://news.carnoc.com/list/402/402121.html.）

## 本章小结

旅客购买机票后并不能直接登机，而是先要办理乘机手续，如领取登机牌、托运行李，才能进入候机区等候。旅客登机时，登机口工作人员还要进行旅客信息核对等工作，然后引导旅客登机。航班到达后，也需要由相关工作人员引导旅客，并解决旅客托运行李时出现的各种不正常情况。所有这些我们统称为民航旅客抵离港服务。本章内容按照旅客的乘机流程，分别介绍了旅客乘机手续办理常识、旅客和特殊旅客的概念、行李运输的一般规定、不正常运输处理和不正常行李处理等，使学生对整个抵离港业务知识有所了解。

## 本章练习题

### 一、简答题

1. 简述旅客乘机手续办理的途径。
2. 简述旅客柜台办理乘机手续的相关规定。
3. 简述办理乘机临时身份证明的申办条件。
4. 简述旅客和特殊旅客的概念。
5. 简述旅客客舱座位安排的一般规定。
6. 举例说明禁止在任何航班上安排紧急出口座位的旅客种类。
7. 举例说明重要旅客的范围。
8. 简述儿童和无成人陪伴儿童的概念。
9. 简述轮椅旅客的概念和分类。
10. 简述担架旅客的概念和运输规定。
11. 简述孕妇旅客的概念和运输规定。
12. 简述行李的分类规定。

13. 简述行李的重量体积限制规定。
14. 简述行李的包装规定。
15. 简述计重制免费行李额规定。
16. 简述计件制免费行李额规定。
17. 简述托运行李遗失的赔偿规定。
18. 简述误机的概念及处理规定。
19. 简述漏乘的概念及处理规定。

## 二、案例分析题

1. 2018年7月8日凌晨，首都机场T3航站楼的广播中已经数不清第几次响起航班延误的消息，一阵阵焦急的询问声正回响在C25登机口。“究竟飞机还能不能起飞？”“飞机为什么还没有到？”“几点航班才可以正常起飞？”……“抱歉，我如果清楚我就告诉您了。”刚刚出现的服务人员给出了这样“轻松而随意”的答复。此时，距离预定起飞时间已超过8小时。旅客等来的仅仅是因为天气原因对方机场关闭，起飞时间待定的消息。在这8小时的等待过程中，航空公司方面除了无数次重复地广播消息，并未给在现场候机的旅客做出任何后续安抚及调整方案，并像当下流行的无人便利店、无人书店等无人店面一样，也进入了“无人”模式，留下百余名乘客在登机口苦苦等待。

试通过学习的航班运输不正常处理知识，分析航空公司应该如何处理。

2. 2015年1月16日，西安靳女士一行4人准备乘当日早8时50分的航班飞往韩国首尔。“早上我们拿着机票领取登机牌时，却被工作人员告知，这趟航班目前仅剩下3个座位，我们4个人只有3个人能飞走。”靳女士说，因公事他们4个人代表公司要去首尔，怎么可能只走3个人？“就在我们一行4人和航空公司理论时，又来了6名乘客。”靳女士说，“有10个人要登机，却只有3个座位。最终因我们先到，航空公司将剩余的3个座位给了我们，我让同事先走，我和后来的6个人被滞留在机场。机票数量不是应该和飞机座位数量对等的吗？难道多出来的人是站票吗？”

试通过学习的航班超售处理规定，分析并回答靳女士的疑问，并为靳女士提供后续解决方案。

# 第三章 民航安全检查业务

## 课前导读

安全检查是民航事业中确保飞机和旅客生命财产安全的必要措施，是一项非常重要的工作。安全检查工作要求在较短时间内完成对所有乘机旅客及其行李物品等的检查，而且要确保安全。一旦出现失误，发生劫持飞机事件，后果严重，损失巨大，还将在国际上造成极坏的政治影响。因此，安全检查具有责任性强、政策性强、时间性强、专业性强及风险性大等特点。无论是安全检查工作人员、地面服务人员还是旅客，了解安全检查工作的性质、任务、原则、职能等基本知识是很有必要的。本章内容包括民航安全检查工作概述、证件检查知识、物品检查知识、旅客安全检查流程和机场运行安保。

## 学习目标

**知识目标**

识记民航安全检查部门的职能与权限；识记证件检查知识；识记物品检查知识。

**技能目标**

能够描述民航安全检查部门的工作原则；能够描述旅客安全检查流程。

# 第一节　民航安全检查工作概述

## 案例导入

顺利地托运了行李，拿到了登机牌，杨国庆终于松了一口气。在别人的帮助下，他们来到了安全检查口，却又被排队的人流惊呆了。没想到有这么多人会坐飞机出行，这队要排到什么时候？面对缓慢移动的人流，杨国庆不满地嘀咕。妻子也不耐烦地说："大家都是急着登机的，有什么好检查的！再说人已经这么多了，也不知道多开几个通道，一点儿也不为旅客考虑！"听到她的抱怨，周围旅客也纷纷表示赞同。那么杨国庆夫妇的想法正确吗？

## 一、民航安全检查的概念

### 1. 传统的民航安全检查概念

民航安全检查是指在民用机场实施的为防止劫（炸）飞机和其他危害航空安全事件的发生，保障旅客、机组人员和飞机安全所采取的一种强制性的技术性检查。

### 2.《国家民用航空安全保卫规划》规定的概念

随着科技发展和民航安全检查服务的延伸，目前民航安全检查的地点已不再局限于民航机场，在城市航站楼、民用机场外的货运库区甚至生产企业都出现了民航安全检查的身影。因此，原有的民航安全检查的概念显然与目前的实际情况不相符，为此《国家民用航空安全保卫规划》对民航安全检查的概念做了新的界定。

《国家民用航空安全保卫规划》规定，安全检查是对乘坐民用航空器的旅客及其行李、进入隔离区的其他人员及其物品，以及空运货物、邮件，利用技术或其他设备手段识别和探测可用于进行非法干扰行为的武器、爆炸物或其他危险物品和装置。

## 二、安全检查部门的工作原则

安全检查部门的工作应当坚持安全第一、严格检查、文明执勤、热情服务的原则。在具体工作中应做到以下几点。

### 1. 安全第一，严格检查

确保安全是安全检查部门工作的宗旨和根本目的，而严格检查则是实现这个目的的手段和对安全检查工作人员的要求。严格检查，就是严密地组织勤务，执行各项规定，落实各项措施，以对国家和乘客高度负责的精神，牢牢把好安全技术检查、飞机监护等关口，切实做到证件不符不放过，安全门报警不排除疑点不放过，X 射线机图像判断不清不放过，开箱(包)检查不彻底不放过，以确保飞机和旅客的安全。

### 2. 坚持制度，区别对待

国家法律、法规及有关安全检查部门工作的各项规章制度和规定，是指导安全检查工作的实施和处理各类问题的依据，必须认真贯彻执行，决不能有法不依、有章不循。同时，还应根据特殊情况和不同对象，在不违背原则和确保安全的前提下，灵活掌握处理各类问题；通常情况下对各种旅客实施检查，既要一视同仁，又要注意区别，明确重点，有所侧重。

### 3. 内紧外松，机智灵活

内紧是指检查人员要有敌情观念，要有高度的警惕性和责任心、紧张的工作作风、严密的检查程序，要有处置突发事件的应急措施等，使犯罪分子无空可钻。外松是指检查时要做到态度自然、沉着冷静、语言文明、讲究方式，按步骤有秩序地进行工作。机智灵活是指面对错综复杂的情况，检查人员要有敏锐的观察力和准确的判断力，善于分析问题，从受检人员的言谈举止、行装打扮和神态表情中，发现蛛丝马迹，不漏掉任何可疑人员和物品。

### 4. 文明执勤，热情服务

机场是地区和国家的窗口，安全检查是机场管理和服务工作的一部分。检查人员要树立全心全意为旅客服务的思想，要做到检查规范、文明礼貌；要着装整洁、仪表端庄、举止大方、说话和气、“请”字开头、“谢”字结尾；要尊重不同地区、不同民族的风俗习惯。同时，要在确保安全、不影响正常工作的前提条件下，尽量为旅客排忧解难。对伤、残、病旅客予以优先照顾，不能伤害旅客的自尊心，对孕妇、幼童、老年旅客要尽量提供方便，给予照顾。

## 三、安全检查部门的职能与权限

### 1. 安全检查部门的职能

安全检查部门具有预防和制止企图劫机、炸机犯罪活动和保护民航班机及旅客生命财产安全的职能。具体体现在以下三个方面：

1）预防和制止企图劫机、炸机犯罪活动的职能。

2）保护国家和人民生命财产安全的职能。

3）服务职能。首先，在保障安全的前提下，安全检查部门要尽力保证航班能正点起飞，不因检查原因延误飞机；其次，要文明执勤，树立为旅客服务的思想。

## 2. 安全检查部门的权限

安全检查部门的权限包括以下几个方面。

1）行政法规的执行权。

2）检查权。安全检查部门的检查权包括：①对乘机旅客身份证件的查验权，通过对旅客身份证件的核查，防止旅客用假身份证件或冒用他人身份证件乘机，发现和查控通缉人犯；②对乘机旅客的人身检查权，包括使用仪器检查和手工检查甚至搜身检查；③对行李物品的检查权，包括使用仪器检查和手工开箱（包）检查；④对货物、邮件的检查权；⑤对进入候机隔离区人员和登机人员身份证件的核查和人身检查权。

3）拒绝登机权。在安全检查过程中，当发现有故意隐匿枪支、弹药、管制刀具、易燃、易爆等可能用于劫（炸）机的危险品的旅客时，安全检查部门有权不让其登机，并将人与物一并移交机场公安机关审查处理。

在安全检查过程中，对手续不符和拒绝接受检查的旅客，安全检查部门有权不准其登机。

4）候机隔离区航空器监护权。候机隔离区不能持续实施管制，在使用前，安全检查部门应当对候机隔离区进行清查。

安全检查部门应当派人在候机隔离区内巡视，对重点部位加强监控。

经过安全检查的旅客应当在候机隔离区内等待登机。如遇航班延误或其他特殊原因离开候机隔离区的，再次进入时应当重新经过安全检查。

候机隔离区内的商店不得出售可能危害航空安全的商品。商店运进商品应当经过安全检查，同时接受安全检查部门的安全监督。

对出、过港航空器实施监护。

应机长请求，经机场公安机关或安全检查部门批准，安全检查人员可以进行清舱。

知识加油站

### 提升安全检查级别的情况

一般来讲，有重大的安全事故或突发事件，或者有重大的庆典时，会相应地提高安全检查级别。2010年，上海有关部门在长达半年的世界博览会期间就启用过相应的安全检查等级。

机场安全检查就是乘客从办完登机手续以后，进入隔离区的一系列安全检查措施，本质上是要保证航空安全和旅客安全的。

安全检查基本上分为四个级别，从一级到四级，一级是最普通的级别，四级是最高的级别。

一级就是我们平常经历的普通级别检查，包括证件检查、违禁物品检查等一系列检查。

二级基本上是奥林匹克运动会、世界博览会的标准，主要是在一级基础上增加一个开包率，开包率要求不低于50%。另外，旅客脱鞋、解腰带的抽查率要求不低于30%，同时也要在安全检查口和登机口增加安全检查人员。

三级是在二级的基础上在登机口增加了10%左右的抽查。

四级是最高级别的安全检查，要求开包率100%，同时要求旅客脱鞋、解腰带，另外在登机口全部重新检查，在空中还要增加安全检查人员。

例如，2016年6月12日下午2点26分左右，上海浦东机场T2航站楼国际出发C岛值机柜台处发生一起爆燃案件。之后，浦东机场提高了安全检查等级，对乘客托运及随身携带的行李进行更高级别的安全检查。

（资料来源：新浪网新闻中心，2011. 民航小知识系列21：机场安检等级的划分[EB/OL].（2011-08-31）[2018-10-12]. http://mil.news.sina.com.cn/s/2011-08-31/1452663689.html.）

## 第二节 证件检查知识

### 案例导入

在排队的过程中，杨洋看到几个穿着航空公司制服的阿姨从旁边经过，每个人的脖子上都挂着一个牌子，禁不住好奇地问杨国庆："爸爸，她们脖子上挂的是什么牌子啊？怎么能从旁边不排队就进去了？"杨国庆仔细看了一下，应该不是身份证，"她们穿着制服，应该是工作证吧。"杨国庆不自信地答道。安全检查工作人员在工作过程中到底要检查哪些证件呢？

在日常工作中，安全检查工作人员除了要检查乘机旅客的各类有效身份证件之外，还要检查机场或航空公司等驻场单位工作人员的各类通行证件。

### 一、乘机有效身份证件的种类

根据《民用航空安全检查规则》（中华人民共和国交通运输部令2016年第76号）规定，有效乘机身份证件的种类包括中国大陆地区居民的居民身份证、临时居民身份证、护照、军官证、文职干部证、义务兵证、士官证、文职人员证、职工证、武警警官证、武警士兵证、海员证，香港、澳门地区居民的港澳居民来往内地通行证，台湾地区居民的台湾居民来往大陆通行证；外籍旅客的护照、外交部签发的驻华外交人员证、外国人永久居留证；中国民航局规定的其他有效乘机身份证件。

16周岁以下的中国大陆地区居民的有效乘机身份证件，还包括出生医学证明、户口簿、学生证或户口所在地公安机关出具的身份证明。

## 二、机场控制区各类通行证件知识

### 1. 全国民航统一制作的证件

（1）空勤登机证

空勤登机证（图 3-1）适用于全国各民用机场控制区（含军民合用机场的民用部分）。空勤人员执行飞行任务时，需要穿着空勤制服（因工作需要穿着其他服装的除外），佩戴空勤登机证，经过安全检查进入候机隔离区或登机。因临时租用的飞机或借调人员等原因，空勤人员须登上与其登机证适用范围不同的其他航空公司飞机时，机长应主动告之飞机监护人员。

（2）航空安全员执照

航空安全员执照由中国民航局公安局统一制发，只适用于专职航空安全员，适用范围与空勤登机证相同。

（3）特别工作证

特别工作证由中国民航局公安局制发和管理。特别工作证持有者可免检进入全国各民用机场控制区、隔离区或登机（不代替机票乘机）检查工作。进入上述区域时，要主动出示证件。

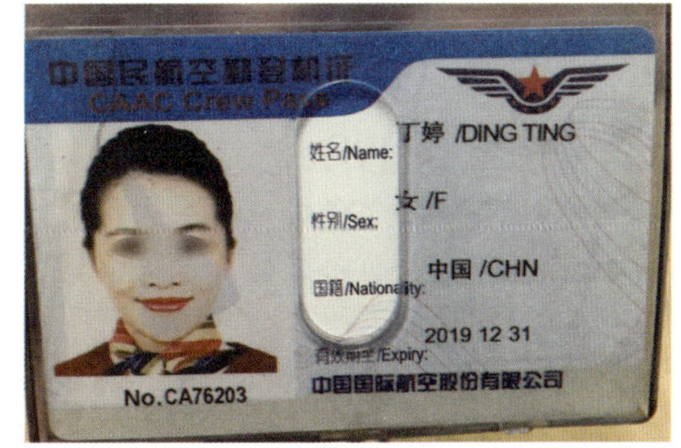


图 3-1　空勤登机证

### 2. 民航各机场制作的证件

民航各机场制作的证件是根据管理的需要，由所在机场制发的有不同用途和使用范围的证件。从时限上可分为长期、临时和一次性证件；从使用范围上可分为通用、客机坪、候机楼隔离区、国际联检区等区域性证件；从使用人员上可划分为民航工作人员、联检单位工作人员和外部人员等证件。

这些证件无论怎样划分，在外观颜色上、规格上可能各有区别，但其内容各要素不会有太大的区别。

（1）民航工作人员通行证

民航工作人员通行证是因工作需要发给民航内部工作人员进出某些控制区域的通行凭证（图 3-2），由所在机场统一制发和管理，证件外观式样、颜色不尽相同，但必须具备以下项目：①机场名称；②持证人近期照片；③有效起止日期；④可进入的控制区区域；⑤持证人姓名；⑥持证人单位；⑦证件编号；⑧发证机构（盖章）；⑨防伪标识等其他技术要求。

证件背面应有说明，允许通行和到达的区域一般分为国内候机隔离区、国际候机隔离区、联检厅、抵离区、客机坪、客舱、货舱、货运区、维修区、贵宾区等。

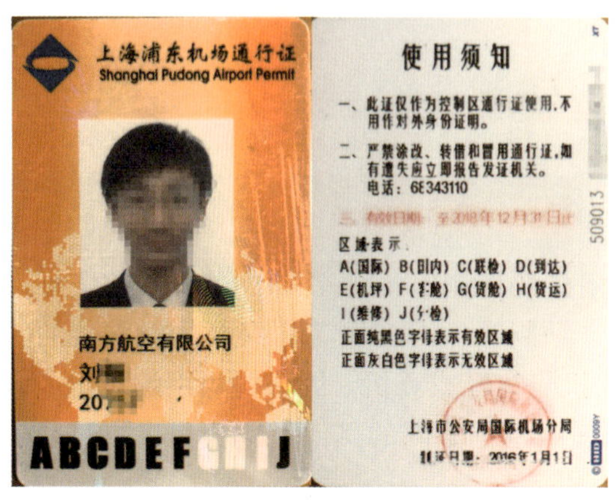


图 3-2 民航工作人员通行证

（2）联检单位人员通行证

联检单位人员通行证适用于对外开放的有国际航班的机场，主要发放给在机场工作的联检单位的有关工作人员，这些单位一般是海关、公安边防、卫生检疫、动植物检疫、口岸办公室、出入境管理部门等。

联检单位人员通行证由所在机场制发和管理，其使用范围一般只限于与持证人工作相关的区域。证件的外观式样与项目内容各机场不尽相同，内容要素与民航工作人员通行证相同。

（3）外部人员通行证

外部人员通行证的使用人员为因工作需要进入机场有关区域的民航以外有关单位的工作人员。这类证件又分为“专用”和“临时”两种：专用证（图 3-3）有持证人照片，临时证无持证人照片；专用证的登记项目内容与前面所说证件相同，临时证则没有那么多内容，但必须有允许到达的区域标记，此证一般与本人身份证同时使用。持外部人员通行证者，必须经安全检查后方可进入隔离区、客机坪。

（4）专机工作证

专机工作证由民航公安机关制发。专机工作证一般为一次性有效证件，发给与该次专机任务有关的领导、警卫、服务等有关工作人员。凭专机工作证可免检进入该次专机任务相关的工作区域。

专机工作证的式样、颜色不一，但应具备的基本内容和要素包括“专机工作证”字样、专机任务的代号、证件编号、颁发单位印章、有效日期等。专机工作证的颜色应明显区分于该机场其他通行证件的颜色，以便于警卫人员识别。

（5）包机工作证

包机工作证由民航公安机关制发和管理。发给与航空公司包机业务有关的人员，持证人凭证可进入包机工作相关的区域。证件内容根据使用时间长短而定，短期的应贴有持证人照片，一次性的可免贴照片。

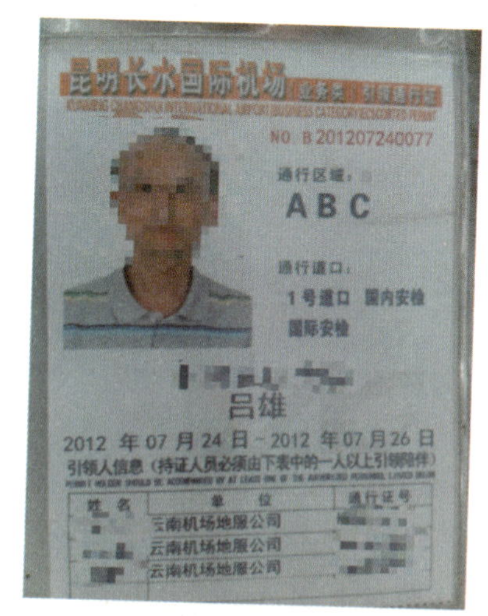


图 3-3 外部人员通行证

# 第三节 物品检查知识

## 案例导入

这次回家探亲，杨国庆为喜欢喝酒的岳父买了一箱6瓶装的名牌白酒，为岳母准备了一盒大闸蟹，为父母购置了新衣服，为小侄子准备了一把仿真玩具手枪。杨国庆觉得这些东西自己看着才放心，所以这次他决定宁愿自己累一点，所有行李也要自己随身带，免得酒瓶摔碎或者大闸蟹盒子被压坏。唯一让他忐忑不安的是，这次夫妇二人随身带了3个充电宝，不知道能不能让带上飞机。那么杨国庆的想法正确吗？安全检查工作人员会怎么处理他们的行李呢？

### 1. 民航旅客禁止随身携带和托运物品目录

（1）枪支等武器（包括主要零部件）

能够发射弹药（包括弹丸及其他物品）并造成人身严重伤害的装置或者可能被误认为是此类装置的物品，主要包括以下几种。

1）军用枪、公务用枪，如手枪、步枪、冲锋枪、机枪、防暴枪。

2）民用枪，如气枪、猎枪、射击运动枪、麻醉注射枪。

3）其他枪支，如道具枪、发令枪、钢珠枪、境外枪支及各类非法制造的枪支。

4）上述物品的仿真品。

## 知识加油站

**仿真枪认定标准**

根据公安部《仿真枪认定标准》（公通字〔2008〕8号），凡符合以下条件之一的，可以认定为仿真枪：

1）符合《中华人民共和国枪支管理法》规定的枪支构成要件，所发射金属弹丸或其他物质的枪口比动能小于1.8焦耳/平方厘米（不含本数）、大于0.16焦耳/平方厘米（不含本数）的；

2）具备枪支外形特征，并且具有与制式枪支材质和功能相似的枪管、枪机、机匣或者击发等机构之一的；

3）外形、颜色与制式枪支相同或者近似，并且外形长度尺寸介于相应制式枪支全枪长度尺寸的二分之一与一倍之间的。

其中枪口比动能的计算，按照《枪支致伤力的法庭科学鉴定判据》规定的计算方法执行。制式枪支是指国内制造的制式枪支，即已完成定型试验，并且经军队或国家有关主管部门批准投入装备、使用（含外贸出口）的各类枪支。国外制造的制式枪支是指制造商已完成定型试验，并且装备、使用或投入市场销售的各类枪支。全枪长是指从枪管口部至枪托或枪机框（适用于无枪托的枪支）底部的长度。

（2）爆炸或者燃烧物质和装置

能够造成人身严重伤害或者危及航空器安全的爆炸或燃烧装置（物质）或者可能被误认为是此类装置（物质）的物品，主要包括以下几种。

1）弹药，如炸弹、手榴弹、照明弹、燃烧弹、烟幕弹、信号弹、催泪弹、毒气弹和子弹（铅弹、空包弹、教练弹）。

2）爆破器材，如炸药、雷管、引信、起爆管、导火索、导爆索、爆破剂。

3）烟火制品，如烟花爆竹、烟饼、黄烟、礼花弹。

4）上述物品的仿真品。

（3）管制器具

能够造成人身伤害或者对航空安全和运输秩序构成较大危害的管制器具，主要包括以下几种。

1）管制刀具，如匕首（带有刀柄、刀格和血槽，刀尖角度小于 60° 的单刃、双刃或多刃尖刀，图 3-4）、三棱刮刀（具有 3 个刀刃的机械加工用刀具，图 3-5）、带有自锁装置的弹簧刀（图 3-6）或跳刀（刀身展开或弹出后，可被刀柄内的弹簧或卡锁固定自锁的折叠刀具）、其他相类似的单刃（图 3-7）双刃三棱尖刀（刀尖角度小于 60° 、刀身长度超过 150 毫米的各类单刃、双刃、多刃刀具），以及其他刀尖角度大于 60° 、刀身长度超过 220 毫米的各类单刃（图 3-8）、双刃、多刃刀具。

2）军警械具，如警棍、警用电击器（图 3-9）、军用或警用匕首、手铐、拇指铐、脚镣、催泪喷射器。

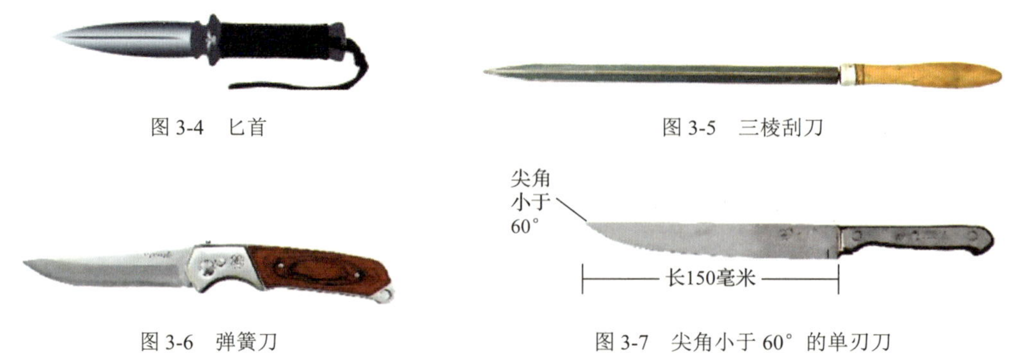

图 3-4　匕首

图 3-5　三棱刮刀

图 3-6　弹簧刀

图 3-7　尖角小于 60° 的单刃刀

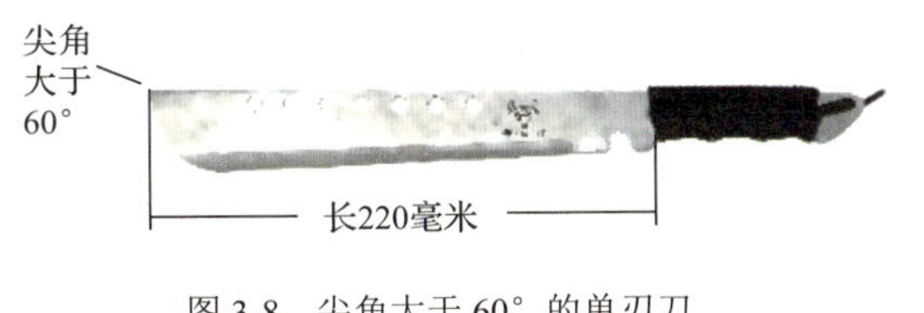


图 3-8　尖角大于 60° 的单刃刀

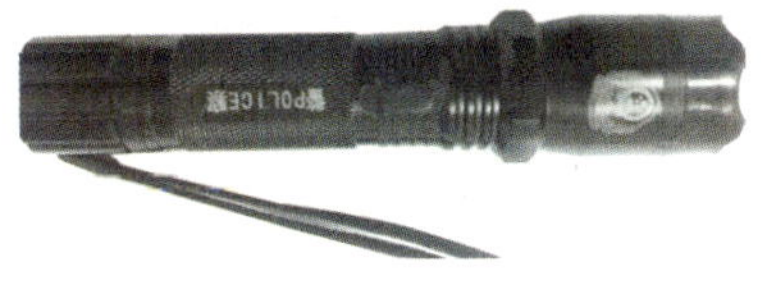


图 3-9　警用电击器

3）其他属于国家规定的管制器具，如弩。

**小贴士**

### 刀刃和刀尖倒角

刀刃（图 3-10）是指刀身上用来切、削、砍的一边，一般情况下刃口厚度小于 0.5 毫米。刀尖倒角（图 3-11）是指刀尖部所具有的圆弧度。

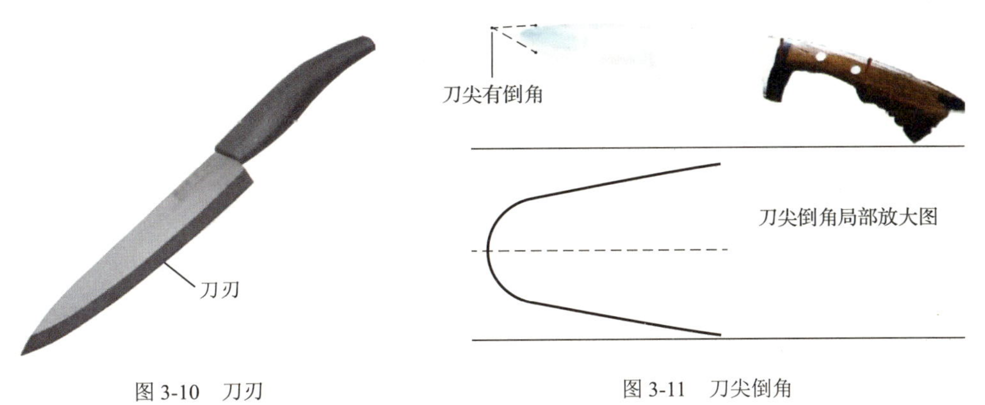


图 3-10　刀刃

图 3-11　刀尖倒角

（4）危险物品

能够造成人身伤害或者对航空安全和运输秩序构成较大危害的危险物品，主要包括以下几种。

1）压缩气体和液化气体，如氢气、甲烷、乙烷、丁烷、天然气、乙烯、丙烯、乙炔（溶于介质的）、一氧化碳、液化石油气、氟利昂、氧气、二氧化碳、水煤气、打火机燃料及打火机用液化气体。

2）自燃物品，如黄磷、白磷、硝化纤维（含胶片）、油纸及其制品。

3）遇湿易燃物品，如金属钾、钠、锂、碳化钙（电石）、镁铝粉。

4）易燃液体，如汽油、煤油、柴油、苯、乙醇（酒精）、丙酮、乙醚、油漆、稀料、松香油及含易燃溶剂制品。

5）易燃固体，如红磷、闪光粉、固体酒精、赛璐珞、发泡剂。

6）氧化剂和有机过氧化物，如高锰酸钾、氯酸钾、过氧化钠、过氧化钾、过氧化铅、过醋酸、双氧水。

7）毒害品，如氰化物、砒霜、剧毒农药等剧毒化学品。

8）腐蚀性物品，如硫酸、盐酸、硝酸、氢氧化钠、氢氧化钾、汞（水银）。

9）放射性物品，如放射性同位素。

（5）其他物品

其他能够造成人身伤害或者对航空安全和运输秩序构成较大危害的物品，主要包括以下几种。

1）传染病病原体，如乙肝病毒、炭疽杆菌、结核杆菌、艾滋病病毒。

2）火种（包括各类点火装置），如打火机、火柴、点烟器、镁棒（打火石）。

3）额定能量超过 160 瓦特小时的充电宝、锂电池（电动轮椅使用的锂电池另有规定）。

4）酒精体积百分含量大于 70% 的酒精饮料。

5）强磁化物、具有强烈刺激性气味或者容易引起旅客恐慌情绪的物品及不能判明性质可能具有危险性的物品。

国家法律、行政法规、规章规定的其他禁止运输的物品。

### 2. 民航旅客限制随身携带或托运物品目录

（1）禁止随身携带但可以作为行李托运的物品

1）锐器。该类物品带有锋利边缘或者锐利尖端，由金属或其他材料制成的、强度足以造成人身严重伤害的器械，主要包括：①日用刀具（刀刃长度大于 6 厘米），如菜刀、水果刀、剪刀、美工刀、裁纸刀；②专业刀具（刀刃长度不限），如手术刀、屠宰刀、雕刻刀、刨刀、铣刀；③用作武术文艺表演的刀、矛、剑、戟等。

2）钝器。该类物品不带有锋利边缘或锐利尖端，由金属或其他材料制成、强度足以造成人身严重伤害的器械，主要包括棍棒（含伸缩棍、双节棍）、球棒、桌球杆、板球球拍、曲棍球杆、高尔夫球杆、登山杖、滑雪杖、指节铜套（手钉）。

3）其他。其他能够造成人身伤害或者对航空安全和运输秩序构成较大危害的物品，主要包括：①工具，如钻机（含钻头）、凿、锥、锯、螺栓枪、射钉枪、螺丝刀、撬棍、锤、钳、焊枪、扳手、斧头、短柄小斧（太平斧）、游标卡尺、冰镐、碎冰锥；②其他物品，如飞镖、弹弓、弓、箭、蜂鸣自卫器及不在国家规定管制范围内的电击器、催泪瓦斯、胡椒辣椒喷剂、酸性喷雾剂、驱除动物喷剂等。

（2）随身携带或者作为行李托运有限定条件的物品

1）随身携带有限定条件但可以作为行李托运的物品。

旅客乘坐国际、地区航班时，液态物品应当盛放在单体容器容积不超过 100 毫升的容器内随身携带（图 3-12），与此同时盛放液态物品的容器应置于最大容积不超过 1 升、可重新封口的透明塑料袋中（图 3-13），每名旅客每次只允许携带一个透明塑料袋，超出部分应作为行李托运。

图 3-12 不允许随身携带的液态物品

图 3-13 液态物品包装袋

旅客乘坐国内航班时，液态物品禁止随身携带（航空旅行途中自用的化妆品、牙膏及剃须膏除外）。航空旅行途中自用的化妆品必须同时满足 3 个条件（每种限带一件、盛放在单体容器容积不超过 100 毫升的容器内、接受开瓶检查）方可随身携带，牙膏及剃须膏每种限带一件且不得超过 100 克（毫升）。旅客在同一机场控制区内由国际、地区航班转国内航班时，其随身携带入境的免税液态物品必须同时满足 3 个条件（出示购物凭证、置于已封口且完好无损的透明塑料袋中、经安全检查确认）方可随身携带，如果在转乘国内航班过程中离开机场控制区则必须将随身携带入境的免税液态物品作为行李托运。

婴儿航空旅行途中必需的液态乳制品、糖尿病或者其他疾病患者航空旅行途中必需的液态药品，经安全检查确认后方可随身携带。

旅客在机场控制区、航空器内购买或者取得的液态物品在离开机场控制区之前可以随身携带。

2）禁止随身携带但作为行李托运有限制条件的物品。

酒精饮料禁止随身携带，作为行李托运时有以下限制条件：①标识全面清晰且置于零售包装袋内，每个容器容积不得超过 5 升；②酒精体积百分含量小于或等于 24% 时，托运数量不受限制；③酒精体积百分含量大于 24%、小于或等于 70% 时，每位旅客托运数量不超过 5 升。

3）禁止作为行李托运且随身携带有限定条件的物品。

充电宝、锂电池禁止作为行李托运，随身携带时有以下限定条件（电动轮椅使用的锂电池另有规定）：①标识全面清晰，额定能量小于或等于 100 瓦特小时；②当额定能量大于 100 瓦特小时，小于或等于 160 瓦特小时时，必须经航空公司批准且每人限带两块。

国家法律、行政法规、规章规定的其他限制运输的物品。

小贴士

## 中国民用航空局关于发布《民航旅客禁止随身携带和托运物品目录》和《民航旅客限制随身携带或托运物品目录》的公告

〔2016〕第6号

为保障民航旅客人身财产安全、民用航空运输安全和国家安全，防止针对民用航空活动的非法干扰，根据《中华人民共和国民用航空法》、《中华人民共和国民用航空安全保卫条例》和《民用航空安全检查规则》规定，现公布《民航旅客禁止随身携带和托运物品目录》和《民航旅客限制随身携带或托运物品目录》。

公共航空运输企业、民用运输机场管理机构应当通过多种方式公示《民航旅客禁止随身携带和托运物品目录》和《民航旅客限制随身携带或托运物品目录》，并在旅客购票、办理乘机手续、安全检查时履行告知义务。旅客应当接受并配合民用航空安全检查。

《民航旅客限制随身携带或托运物品目录》中禁止随身携带但可以托运的物品，旅客可将其作为行李托运、自行处置或者暂存处理；属于经公共航空运输企业批准后才能作为随身行李物品或者托运行李运输的特殊物品，公共航空运输企业应当向旅客通告特殊物品目录及批准程序，并与民用航空安全检查机构明确特殊物品批准和信息传递程序。

对随身携带或者托运属于国家法律法规规定的危险品、违禁品和管制物品的旅客，构成违反治安管理行为的，由公安机关依法处理；构成犯罪的，依法追究刑事责任。对在随身携带或者托运物品中故意隐匿除国家法律法规规定以外属于民航禁止、限制运输物品的旅客，构成扰乱秩序行为的，由公安机关依法处理。

本公告自2017年1月1日起施行。已有规定与本公告不一致的，按照本公告执行。

中国民用航空局

2016年12月2日

（资料来源：中国民用航空局，2016. 中国民用航空局关于发布《民航旅客禁止随身携带和托运物品目录》和《民航旅客限制随身携带或托运物品目录》的公告[EB/OL].（2016-12-02）[2017-06-20]. http://www.caac.gov.cn/XXGK/XXGK/TZTG/201612/t20161213_41103.html.）

## 中国民用航空总局关于限制携带液态物品乘坐民航飞机的公告

为确保航空安全，参照国际民航组织的标准，中国民用航空总局决定限制携带液态物品乘坐民航飞机。

一、乘坐中国国内航班的旅客，每人每次可随身携带总量不超过1升（L）的液态物品（不含酒类），超出部分必须交运。液态物品须开瓶检查确认无疑后，方可携带。

二、乘坐从中国境内机场始发的国际、地区航班的旅客，其携带的液态物品每件容积不得超过 100 毫升（mL）。

盛放液态物品的容器，应置于最大容积不超过 1 升（L）的、可重新封口的透明塑料袋中。每名旅客每次仅允许携带一个透明塑料袋，超出部分应交运。

盛装液态物品的透明塑料袋应单独接受安全检查。

需在国外、境外机场转机的由中国境内机场始发的国际、地区航班旅客，在候机楼免税店或机上购买液态物品，应保留购物凭证以备查验。所购物品应盛放在封口的透明塑料袋中，且不得自行拆封。国外、境外机场对携带免税液态物品有特殊规定的，从其规定。

来自境外需在中国境内机场转乘国际、地区航班的旅客，携带液态物品，适用本条规定。其携带入境的免税液态物品应盛放在袋体完好无损、封口的透明塑料袋中，并须出示购物凭证。

三、在中国境内乘坐民航班机，酒类物品不得随身携带，但可作为托运行李交运。酒类物品的包装应符合民航运输有关规定。

四、有婴儿随行的旅客携带液态乳制品，糖尿病或其他疾病患者携带必需的液态药品，经安全检查确认无疑后，可适量携带。

五、旅客因违反上述规定造成误机等后果的，责任自负。

本公告自 2007 年 5 月 1 日起施行，2003 年 2 月 5 日发布的《中国民用航空总局关于对旅客随身携带液态物品乘坐民航飞机加强管理的公告》同时废止。

二〇〇七年三月十七日

（资料来源：中国民用航空局，2007．中国民用航空总局关于限制携带液态物品乘坐民航飞机的公告 [EB/OL].（2007-3-17）[2017-3-7]．http://www.caac.gov.cn/XXGK/XXGK/ZFGW/201601/t20160122_27549.html.）

### 中国民用航空总局关于禁止旅客随身携带液态物品乘坐国内航班的公告

〔2008〕第 2 号

为维护旅客生命财产安全，中国民用航空总局决定调整旅客随身携带液态物品乘坐国内航班的相关措施，现公告如下：

一、乘坐国内航班的旅客一律禁止随身携带液态物品，但可办理交运，其包装应符合民航运输有关规定。

二、旅客携带少量旅行自用的化妆品，每种化妆品限带一件，其容器容积不得超过 100 毫升，并应置于独立袋内，接受开瓶检查。

三、来自境外需在中国境内机场转乘国内航班的旅客，其携带入境的免税液态物品应置于袋体完好无损且封口的透明塑料袋内，并需出示购物凭证，经安全检查确认无疑后方可携带。

四、有婴儿随行的旅客，购票时可向航空公司申请，由航空公司在机上免费提供液态乳制品；糖尿病患者或其他患者携带必需的液态药品，经安全检查确认无疑后，交由机组保管。

五、乘坐国际、地区航班的旅客，其携带的液态物品仍执行中国民用航空总局2007年3月17日发布的《关于限制携带液态物品乘坐民航飞机的公告》中有关规定。

六、旅客因违反上述规定造成误机等后果的，责任自负。

本公告自公布之日起施行。

中国民用航空总局

二〇〇八年三月十四日

（资料来源：中国民用航空局，2008. 关于禁止旅客随身携带液态物品乘坐国内航班的公告 [EB/OL].（2008-03-17）[2017-06-20]. http://www.caac.gov.cn/XXGK/XXGK/TZTG/201510/t20151022_2486.html.）

## 关于民航旅客携带“充电宝”乘机规定的公告

〔2014〕第2号

充电宝是指主要功能用于给手机等电子设备提供外部电源的锂电池移动电源。根据现行有效国际民航组织《危险物品安全航空运输技术细则》和《中国民用航空危险品运输管理规定》，旅客携带充电宝乘机应遵守以下规定：

一、充电宝必须是旅客个人自用携带。

二、充电宝只能在手提行李中携带或随身携带，严禁在托运行李中携带。

三、充电宝额定能量不超过100瓦特小时，无需航空公司批准；额定能量超过100瓦特小时但不超过160瓦特小时，经航空公司批准后方可携带，但每名旅客不得携带超过两个充电宝。

四、严禁携带额定能量超过160瓦特小时的充电宝；严禁携带未标明额定能量同时也未能通过标注的其他参数计算得出额定能量的充电宝。

五、不得在飞行过程中使用充电宝给电子设备充电。对于有启动开关的充电宝，在飞行过程中应始终关闭充电宝。

上述规定同时适用于机组人员。

本公告自公布之日起施行。

附：充电宝额定能量的判定方法

民航局

2014年8月7日

# 第四节 旅客安全检查流程

## 案例导入

经过工作人员的提示，杨国庆办理了行李托运手续。终于轮到杨国庆一家进入安全检查通道了，工作人员先要求他们出示各自的登机牌和身份证件，然后又要王德美把手中的饮料瓶扔掉，还要求他们把身上的手机、钥匙等物品拿出来，外套脱下来，都放在塑料托盘里，背包里的充电宝、笔记本电脑、雨伞也拿出来单独检查，这让他们手忙脚乱忙了一会儿。突然杨国庆想起自己裤子口袋里还有一包火柴，刚准备拿出来，转念一想，反正又不是金属的，这个安全检查门应该查不出来，飞机上还可以抽支烟提提神。那么，工作人员的指导正确吗？他们一家能顺利通过安全检查吗？

旅客在抵达安全检查工作区域之后，选择相应检查通道（图 3-14）接受安全检查。安全检查通道分为普通旅客通道和特殊旅客通道，其中特殊旅客通道主要包括无障碍通道、急客通道、团体旅客通道、头等舱（公务舱）旅客通道等。

图 3-14 安全检查通道

旅客进入安全检查流程时，要求按秩序排队，首先检查旅客的身份证件和登机牌，查验无误后加盖安全检查验讫章，再请旅客将手提行李和随身物品放至传送带上，通过 X 射线安全检查仪的检查，最后请旅客通过安全门。对有疑点者进行手工检查，发现可疑物品则要开箱（包）检查，必要时可以随时进行抽查。

## 一、证件检查岗位

证件检查（图 3-15）是指通过核对、查验旅客及工作人员的身份证件（控制区通行证件）和登机牌，发现和制止使用伪造、无效身份证件的旅客，冒名顶替、手续不符的旅客及公安、安全部门通缉、查控的不法分子乘坐飞机，防止威胁空防安全的事件发生。

图 3-15　证件检查岗位

### 1. 对旅客乘机证件的检查

1）人、证对照。验证检查员接证件时，就要注意观察持证人的五官特征，再看证件上的照片与持证人五官是否相符。

2）扫描旅客的登机牌，存储旅客相关信息，自动采集旅客相关信息，同时查对持证人是否为查控对象。

3）查验无误后，按规定在登机牌上加盖验讫章放行。

### 2. 对工作人员证件的检查

1）检查证件外观式样、规格、塑封、印刷、照片是否完好、正常，证件是否有效；检查持证人与证件上的照片是否一致；检查持证人证件的适用区域。

2）检查完毕，将证件交还持证人。经查验后符合的放行，不符合的拒绝进入。

**知识加油站**

**登机刷脸：深圳机场首次启用人脸识别系统**

2016 年 7 月，经过近两个月的试运行，安全检查人脸识别系统（图 3-16）在深圳机场国内安全检查区正式投入使用。深圳机场成为全国首家将人脸识别系统嵌入机场安全检查信息系统、实现两套系统一体化运行的机场。

深圳机场有关人员介绍说，人脸识别系统主要通过安装在安全检查验证台后方的摄像头，在旅客到达验证台时迅速抓取旅客脸部图像，并与旅客身份证件图像进行比对。当验证员人工读取旅客身份证件信息的同时，系统便可完成旅客脸部图像与身份证件图像的比对，并给出判别提示结果，辅助安全检查验证员完成对旅客乘机证件及身份的辨识。据机场安全检查站负责人介绍，该系统的先进之处在于实现了人脸识别系统与机场安全检查信息系统的一体化运行，这在国内机场尚属首家。此次启用的人脸识别系统是安全检查信息系统的子系统，通过将人脸识别系统嵌入现有机场安全检查信息系统内，实现了安全检查信息系统的功能升级。

图 3-16　安全检查人脸识别系统

在一次业内研讨会上，公安部第三研究所防伪事业部主任表示，今后人脸识别客流安全管控设备也有望在我国机场等交通枢纽使用。乘客在接受机场安全检查时，会被拍摄人脸照片。该照片被存入后台系统，成为人脸识别的比对依据。乘客通过登机口时，先要将登机牌放在设备的扫描系统上，得到确认后再将自己的脸对准设备上的摄像头，接受人脸识别。此措施可有效杜绝违法分子分别取换登机牌后再故意交换登机牌登上对方飞机的安全检查漏洞。

（资料来源：海鑫智圣，2016. 登机刷脸：深圳机场首次启用人脸识别系统 [EB/OL].（2016-07-28）[2019-02-16]. https://mp.weixin.qq.com/s?__biz=MzAwMzExNTU5NQ%3D%3D&idx=1&mid=2649606709&sn=63ace8955f6b65793a2b64e4394675cd.）

## 二、人身检查岗位

人身检查（图 3-17）是安全技术检查的重点工作。它是采用仪器和手工相结合的方式，对旅客人身进行安全检查。其目的是发现旅客身上藏匿的危险、违禁物品，保障民用航空的安全。

对旅客进行人身检查有两种方法：仪器检查和手工检查。在现场工作中通常可采用仪器与手工相结合的检查方法。

仪器检查是指安全检查工作人员按规定的方法对旅客进行安全门检查或采取手持金属探测器等检查发现危险品、违禁品。

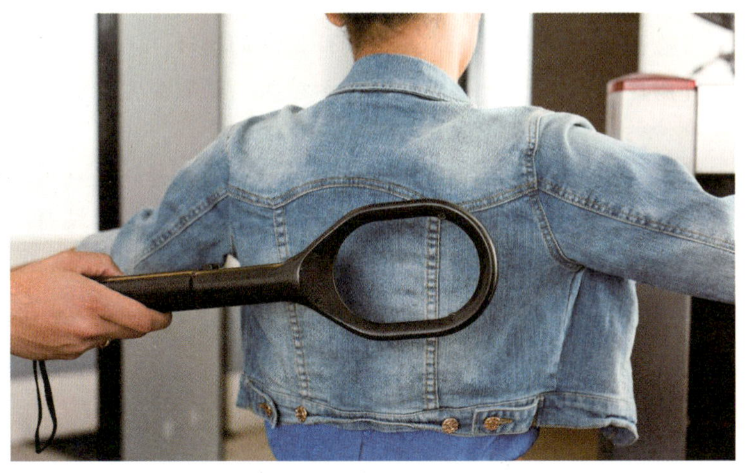

图 3-17　人身检查

手工检查是指安全检查人员按规定的方法对旅客身体采取摸、按、压等检查方法发现危险品、违禁品。

知识加油站

**金属探测门与手持金属探测器**

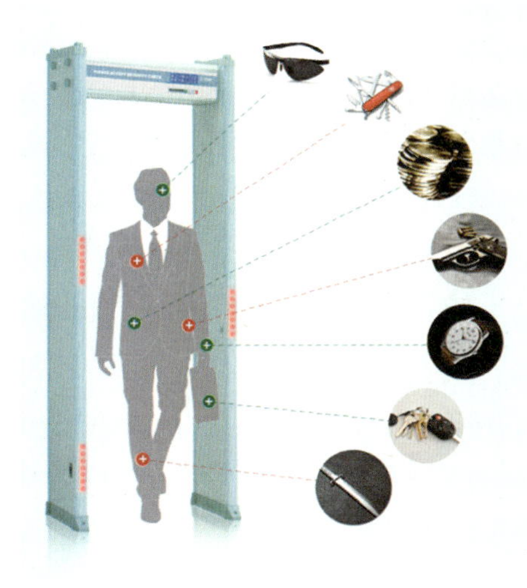

图 3-18　金属探测门

金属探测门（图 3-18）又称安全门，其工作原理是设备发生一连串的脉冲信号产生一个时变磁场，该磁场对探测区中的导体产生涡电流，涡电流产生的次级磁场在接受线圈中产生电压，并通过处理电路辨别是否报警。由于发射磁场厚度很低，因此对心脏起搏器佩戴者、体弱者、孕妇、磁性介质和其他电子装置无影响。

手持金属探测器俗称手探，正常工作时产生恒频率磁场，当接近金属物品时，磁场受干扰发生变化，频率漂移，灵敏度变化，发出报警信号。当手探离开金属物品时，灵敏度恢复恒定频率，此时报警信号消失。

## 三、物品检查岗位

物品检查是指通过仪器（X 射线机）和手工对旅客随身携带和交运的行李物品及航空货物、邮件进行检查（图 3-19）。物品检查的主要目的是防止将危险品、违禁品带上飞机或夹在行李（货物、邮件）中托运，以消除隐患，确保飞机和旅客的安全。

图 3-19　X 射线机检查旅客随身携带行李

物品检查的范围包括对旅客、进入隔离区的工作人员随身携带物品的检查；对随机托运行李物品的检查；对航空货物和邮件的检查。

开箱检查是安全检查中的重要一环，是空防安全的重要保证。X 射线机操作员通过查看 X 射线机图像确定可疑物品，开箱检查人员根据图像位置进行开箱检查。

X 射线机是利用 X 射线的穿透特性，由射线发生器产生一束扇形窄线对被检物体进行扫描。X 射线穿过传送带上移动的行李，根据 X 射线对不同物质的穿透能力不同，发生衰减，探测器收到经过衰减的 X 射线信号，通过信号处理，转变为图像显示出来。

图 3 20　X 射线机图像中的小刀

机场安全检查工作人员每天要检查上千个行李箱中的物品，他们必须从中发现包括刀具（图 3-20）、枪支、大型液体罐在内的违禁物品。虽然有 X 射线机来扫描行李箱产生图像，但还是需要安全检查工作人员通过人工逐件进行判断和检查。

**小贴士**

### 禁止旅客携带打火机、火柴等的乘机规定

为维护民航运输秩序，保护旅客生命财产和航空器安全，2015 年 8 月 14 日，民航局再次发布公告，根据《关于禁止旅客携带打火机、火柴乘坐民航飞机的公告》（民航公告〔2008〕3 号）等有关规定，重申旅客乘机禁止以下行为：

一、禁止旅客随身携带打火机、火柴乘坐民航飞机。

二、禁止旅客将打火机、火柴放置在手提行李中运输。

三、禁止旅客将打火机、火柴放置在托运行李中运输。

民航局提醒旅客在办理乘机手续时，严格遵守以上规定。对于违反上述规定

的，民航公安机关将根据情节，依照国家有关法律、法规严肃处理。由此造成的其他后果，由旅客自行承担。

（资料来源：中国民用航空局，2015．民航局重申：禁止旅客携带打火机、火柴乘机 [EB/OL]．（2015-08-15）[2018-03-12]．http://www.caac.gov.cn/XWZX/MHYW/201508/t20150815_14128.html.）

### 中国民用航空局重申旅客携带“充电宝”乘机规定

2015 年 8 月 14 日，民航局发布公告，重申旅客携带充电宝乘机的有关规定：

一、严禁在托运行李中携带充电宝。

二、严禁携带额定能量超过 160 瓦特小时的充电宝；携带额定能量超过 100 瓦特小时但不超过 160 瓦特小时的充电宝，必须经航空公司批准且不得超过两个。

三、严禁携带标识不清的充电宝。

四、严禁在飞行过程中使用充电宝。

五、严禁非个人自用目的携带充电宝。

对于违反上述规定者，公安机关将根据情节，依照国家有关法律、法规严肃处理。

上述规定同时适用于机组人员。

（资料来源：中国民用航空局，2015．民航局重申旅客携带“充电宝”乘机规定 [EB/OL]．（2015-08-15）[2017-12-10]．http://www.caac.gov.cn/XWZX/MHYW/201508/t20150815_14129.html.）

## 知识加油站

### 警惕行李中的危险品

电影《人在囧途》里王宝强在携带牛奶上飞机遭拒后，一口气喝光了整桶牛奶的桥段大家都会觉得可笑。其实，在现实生活中，这样的情形也时有发生。有的旅客携带蜂蜜登机被安全检查工作人员阻拦，当场“豪饮”，还有的爱美女士带大量的指甲油被查后，大闹安全检查口。这些旅客可能不理解，平时的生活用品怎么到了飞机上就成了危险品？殊不知，随着越来越多的旅客选择乘飞机出行，这些日常生活用品在飞机上会成为影响飞行安全的危险品，让民航工作人员不得不防。

虽然民航业中所说的危险品航空运输主要涉及货物运输，但近年来，隐藏在旅客乘机行李中的危险品也不可小觑。航空运输将危险品分为可燃、可爆炸、毒性、放射性等 9 类，共 3000 多种，而这些危险品大多可能存在于日常生活中的物品里。常见的有发胶、化妆品、电池等，还有一些危险品隐含在一些看似不危险的物品之中。

与货运危险品违规运输不同，旅客违规携带危险品乘机，主要是由于对航空运输危险品相关规定的了解和认识不足。由于不了解相关规定，旅客违规携带、托运危险品的情况时有发生。经过多年的宣传，现在大多数旅客都知道不能携带发胶、汽油和火柴这些常见的危险品登机，但也发生有旅客携带酒精或含酒精成分的物品等登机的情况。据机场安全检查工作人员介绍，他们经常会在检查中发现有旅客在手提行李中携带白酒。根据相关规定，旅客是不能携带瓶装或罐装的酒类上飞机的。如确需携带则必须托运，酒精含量24%以下的白酒托运不限数量，24%～70%的白酒每人每次不得超过5升，且包装也须符合民航运输规定，而70%以上的则不允许托运。此外，还有的旅客因为受伤，需要消毒伤口，则携带大量的消毒酒精棉登机，而这也是不被允许的。

在民航相关规定中，哪些物品可以运输、应采用何种方式都有详细的规定。同时，航空公司的网站也有关于行李物品运输的提示。旅客在出行前，应向航空公司咨询一下相关的规定，以免因为行李内有危险品而耽误了行程。

（资料来源：民航资源网，2014．警惕您行李中的危险品 [EB/OL].（2014-10-07）[2017-12-10]. http://news.carnoc.com/list/295/295831.html.）

## 各安全技术检查岗位工作职责

1．基础岗位职责

基础岗位包括待检区维序检查岗位、前传检查员岗位。其职责是：①维持待检区秩序并通知旅客准备好身份证件、客票和登机牌；②开展调查研究工作；③在X射线机传送带上正确摆放受检行李物品。

2．验证检查岗位职责

验证检查岗位职责包括：①负责对乘国内航班旅客的有效身份证件、客票、登机牌进行核查，识别涂改、伪造、冒名顶替及其他无效证件；②开展调查研究工作；③协助执法部门查控在控人员。

3．人身检查岗位职责

人身检查岗位包括引导和安全门检查两个具体岗位。其职责是：①引导旅客有秩序地通过安全门；②检查旅客放入托盘中的物品；③对旅客人身进行仪器或手工检查；④准确识别并根据有关规定正确处理违禁物品。

4．X射线机操作岗位职责

X射线机操作岗位职责包括：①按操作规程正确使用X射线机；②观察辨别监视器上受检行李（货物、邮件）图像中的物品形状、种类，发现、辨认违禁物品或可疑图像；③将需要开箱（包）检查的行李（货物、邮件）及重点检查部位准确无误地通知开箱（包）检查员。

5．开箱（包）检查岗位职责

开箱（包）检查岗位职责包括：①对旅客行李（货物、邮件）实施开箱（包）手工检查；②准确辨认和按照有关规定正确处理违禁物品及危险品；③开具暂存或移交物品单据。

（资料来源：民航安全检查员编审委员会，2005．安全检查员 [M]．北京：民航总局职业技能鉴定指导中心.）

## 第五节 机场运行安保

终于通过安全检查进入了候机大厅，望着外面的停机坪和跑道，第一次坐飞机的杨洋兴奋地趴在栏杆扶手上向外观望，恨不得能马上到外面好好看看飞机长什么样。杨国庆看着儿子兴奋的表情，也想带着他出去。可是杨国庆很快发现，除了登机口这里能随意走动，通往外面的通道要么锁着，要么有工作人员核查登机牌。他们现在根本出不去。“不是都检查过了吗，怎么还把我们关在这里呢？”杨国庆不满地嘀咕着。杨国庆的想法正确吗？

### 一、机场控制区范围的划定

#### 1. 机场控制区的定义

机场控制区是在机场内根据安全保卫的需要，在机场内划定的进出受到限制的区域。机场控制区应当有严密的安全保卫措施，实行封闭式分区管理。从航空器维修区、货物存放区通向其他控制区的道口，应当采取相应的保安控制措施。

#### 2. 机场控制区的划分

机场控制区根据安全保卫需要，划分为候机隔离区、行李分检装卸区、航空器活动区和维修区、货物存放区等区域，并分别设置安全防护设施和明显标志。另外，机场还应当设置受到非法干扰威胁的航空器隔离停放区。

候机隔离区是根据安全需要在候机楼（室）内划定的供已经安全检查的出港旅客等待登机的区域及登机通道、摆渡车。

航空器活动区是机场内用于航空器起飞、着陆及与此有关的地面活动区域，包括跑道、滑行道、联络道、客机坪。

### 二、机场控制区的通行管制

#### 1. 机场控制区通行管制的任务与目的

机场控制区的通行管制是指对进入机场控制区的所有人员、物品及车辆进行安全技术检查，防止未经许可的人员、物品及其车辆进入。

### 2. 机场控制区通行管制的内容

1）乘机旅客及其行李物品应通过安全技术检查后，方能进入候机隔离区候机并登机。

2）工作人员及其物品进入机场控制区，应当佩戴机场控制区通行证件，并经过核对及安全技术检查，方能进入指定的控制区域。

3）车辆进入机场控制区，应当停车接受道口安全检查工作人员的安全技术检查，包括对驾驶员、搭乘人员及控制区通行证件、车辆通行证件及其所载物品。机场控制区车辆通行证应当置于车辆明显位置。

4）对进入机场控制区的工具、物料和器材应当实施保安控制措施。道口和安全检查通道的安全检查工作人员应当对工作人员进出机场控制区所携带的工具、物料和器材进行检查、核对和登记。工具、物料和器材使用单位应当明确专人负责该器材在机场控制区内的监管。

5）航空配餐和机上供应品的车辆进入机场控制区应当全程签封，道口安全检查工作人员应当查验签封是否完整。检查无误后，方能进入机场控制区域。

**小贴士**

**机场拥吻事件**

2010 年 1 月 3 日，在美国攻读生物学博士学位的蒋某在美国新泽西州纽瓦克机场为女友送行，在女友进入安全检查区后，蒋某偷偷钻过一个通道的安全隔离带，与女友拥吻。其擅闯行为导致机场一个航站楼关闭 6 小时，超过 100 架航班无法正常起飞，数千乘客重新进行安全检查。

根据纽瓦克机场方面公布的监控录像显示，蒋某开始时站在机场旅客出发通道口送女友登机，附近的警卫走过来告诉他要待在警戒线外。但后来警卫擅自离岗，蒋某才越过警戒线，跟女伴拥抱接吻……此举也凸显了纽瓦克国际机场方面的安全检查漏洞，试想如果突然闯入的不是仅仅想和女友吻别的蒋某，而是恐怖分子，其后果不堪设想。

## 三、民用航空器在地面的安全监护

### 1. 民用航空器监护的含义

民用航空器监护是指安全检查部门对短暂停留在客机坪的执行飞行任务的民用航空器进行监护（图 3-21）。

图 3-21　航空器活动区监护

### 2. 民用航空器监护职责

1）执行航班飞行任务的民用航空器在客机坪短暂停留期间，由安检部门负责监护。

2）民用航空器监护人员应当根据航班动态，按时进入监护岗位，做好对民用航空器监护的准备工作。

3）民用航空器监护人员应当坚守岗位，严格检查登机工作人员的通行证件，密切注意周围动态，防止无关人员和车辆进入监护区。

4）空勤人员登机时，民用航空器监护人员应当查验其中国民航空勤登机证。对上述人员携带的物品，应当查验是否经过安全检查，未经过安全检查的，不得带上民用航空器。

5）旅客登机时，监护人员站在登机门或登机通道旁，维护登机旅客秩序。防止旅客在登机行进期间与外界人员接触或传递有碍航空安全的危险品。要检查旅客登机牌是否加盖验讫章，防止送行、无证等人员随旅客行列进入客机坪、接近或登上飞机。

6）在出、过港民用航空器关闭舱门准备滑行时，监护人员应当退至安全线以外，记载飞机号和起飞时间后，方可撤离现场。

7）民用航空器监护人员接受和移交航空器监护任务时，应当与机务人员办理交接手续，填写记录，双方签字。

## 本 章 小 结

通过对民航安全技术检查工作的简单了解，我们可以知道民航安全检查涉及机场和航空器全方位的检查工作，任务繁重，需要每一位安检人员全身心的投入，每一个细小环节、岗位的遗漏或错失，都有可能形成安全隐患，酿成重大后果。同时，配合民航安全检查也是每一位旅客应尽的责任与义务。只有大家齐心协力，才能形成一个安全、有序、文明的乘机环境。

## 本章练习题

### 一、简答题

1. 简述民航安全检查的概念。
2. 简述安全检查部门的职能。
3. 简述民航安全检查的主要岗位名称和对应的工作内容。
4. 简述旅客携带充电宝乘机应遵守的规定。

### 二、举例说明

1. 举例说明民航安全检查岗位对保障民航运输安全的重要性。
2. 举例说明 5 种以上行李中可能隐含的危险物品。
3. 举例说明 10 种以上禁止随身携带和托运的物品名称。
4. 举例说明 10 种以上禁止随身携带但可以作为行李托运的物品名称。
5. 举例说明 5 种以上随身携带或者作为行李托运有限定条件的物品名称。

# 第四章 民航客舱服务与安全管理

## 课前导读

客舱服务是航空公司的一种特殊产品，是由航空公司飞行机组的乘务员在飞机飞行这一特定的时间和飞机客舱这一特定的空间里，为旅客提供以安全、舒适为实质内容的具体工作。客舱服务需要为乘客提供全面周到的服务，只有服务设计周密，才能将放心、顺心、舒心、动心的“四心”理念落到实处。本章内容包括客舱乘务员职业形象和职业素养、民航客舱服务、民航客舱安全管理。

## 学习目标

**知识目标**

了解客舱乘务员的资质要求、形象要求、职业素养；识记客舱服务的要点；理解客舱日常安全管理工作的主要内容。

**技能目标**

能够进行客舱应急处置流程。

# 第一节　客舱乘务员职业形象和职业素养

## 案例导入

旅客杨国庆、王德美夫妇二人带着10岁的儿子杨洋准备乘飞机回成都老家探亲。因为第一次乘飞机，他们一家三口对什么都觉得新鲜。当他们步入客舱的一刹那，候机时的不快便被乘务员甜甜的微笑和温馨的问候化解了。王德美对儿子说："看这些哥哥姐姐们多有气质，你也要像他们一样！"作为民航客舱乘务员，需要具备什么职业形象和素养呢？

"客舱乘务员"英文名称为cabin attendant、cabin crew或flight attendant，是指出于对旅客安全的考虑，受运营人指派在航空器客舱内执行安全、服务值勤任务的机组成员。从进入机舱的那一刻开始，客舱乘务员的颔首、笑容、着装、风度便给人们留下初步美好的印象。正是这些标准的礼仪技能所呈现的知性与教养、体贴与爱心、优雅与风姿，塑造出客舱乘务员的职业形象。

客舱乘务员必须具备一定的资质要求，其职业形象和职业素养直接代表航空公司的服务形象，旅客往往从客舱乘务员服务过程中显现出来的气质风度和动作姿态等方面来评价客舱乘务员及整个航空公司的形象。

## 一、客舱乘务员的资质要求

在客机上担任客舱乘务员的人员，应当通过中国民航局批准的训练大纲所规定的训练科目并经合格证持有人检查合格。

### 1. 客舱乘务员执行航班任务应携带的有效证件

1）航空人员的体检合格证。

2）中国民航空勤登机证。

3）客舱乘务员训练合格证。

4）国际航班应携带中华人民共和国因公护照。

5）地区航班应携带因公往来港澳通行证等。

**小贴士**

**民航客舱乘务员的视力要求**

中国民航局对客舱乘务员视力的一般要求是裸视力或矫正视力达到0.5以上，可以接受近视矫正手术。允许客舱乘务员戴隐形眼镜飞行，但同时要求必须携带备用隐形眼镜或框架眼镜以备急用。

（资料来源：中国民用航空局，2016. 民用航空人员体检合格证管理规则 [EB/OL].（2016-03-17）[2018-05-10]. http://www.caac.gov.cn/XXGK/XXGK/MHGZ/201605/t20160530_37649.html.）

### 2. 客舱乘务员执行航班任务应携带的业务资料和个人装具

1）客舱乘务员手册。

2）客舱乘务员广播手册。

3）服务规范手册。

4）个人装具：姓名牌、笔、化妆品、围裙、丝袜、针线包和眼镜等备用物品及驻外期间生活用品等。

以上业务资料和个人装具是根据各航空运营人经中国民航局合格审定通过后，在手册文件中规定需携带的内容。各航空运营人所要求的携带方式和携带内容会存在差异。

## 二、客舱乘务员的形象要求

客舱乘务员很大程度上代表着航空公司企业形象，因此对其职业形象有着较高的要求：整体自然清新、端庄典雅，充满活力，富有时代感。

### 1. 制服要求

客舱乘务员在执行航班任务时应穿着企业统一下发的制服和配饰，一般包括帽子、大衣、风衣、外套、衬衣、套裙、西裤、丝巾、领带、领带夹、皮带、皮鞋、姓名牌等。

1）清洁：制服应干净无污渍，皮鞋保持光亮。

2）平整：制服应熨烫平整、无皱痕，衬衣应束于裙子或西裤内。

3）完好：制服应完好无脱线，衣扣、拉链完好无缺损，丝袜无钩丝，皮鞋无破损。

### 2. 妆容要求

客舱乘务员的妆容要按照企业要求，保持清新亮丽，符合职业形象。

1）女客舱乘务员要求：粉底、口红、眼影等妆面与肤色协调，眉形柔和，眼线浓淡适度，妆面不夸张；短发不得短于 10 厘米；刘海不过眉；盘发者要求发髻光洁；可使用清新宜人的香水。

2）男客舱乘务员要求：执行航班必须保持头发干净、长度适中（不得短于 1 厘米，前不遮耳，后不遮领），发型自然；剃净胡须、修剪耳 / 鼻毛，保持面部皮肤滋润。

3）其他要求：①客舱乘务员执行航班不得佩戴造型夸张的饰物和手表；②双手保持清洁无污物，不留指甲，指甲保持洁净和光泽；③值勤前不得饮酒、抽烟和食用气味较重的食品，保持口气清新。

### 3. 微笑及眼神交流的要求

客舱乘务员的形体动作须符合职业特点。男客舱乘务员要谦和，展现稳重细心、和气幽默的风度；女客舱乘务员要温柔，展现亲和大方、优美典雅的气质。

（1）微笑

美学家认为，在人们千姿百态的言行举止中，微笑是最美的。微笑是表示诚挚、友好和尊重的内心体现。客舱乘务员在提供服务时应面带微笑，并像春风一样温暖旅客的心。

1）微笑的要求：客舱乘务员为旅客提供服务时，要始终面带微笑。笑容要自然大方，使人感到亲切、友好、热情，表现出内心的真诚。

2）微笑的训练：面部肌肉自然放松，眼神温和，牙齿轻分，嘴角上扬，唇微启，呈弯月形。

（2）目光交流

眼睛是心灵的窗户，客舱乘务员在服务时应与旅客有目光的交流，目光要真诚、和善、自然，带有笑意；不要盯视、斜视、窥视、上下扫视。

1）迎客时，客舱乘务员的目光应关注每一位旅客，真诚表示欢迎，不要仅仅关注旅客手中的登机牌。

2）巡视客舱时，客舱乘务员的目光应温柔谦和，与旅客目光相遇时，要亲切微笑，点头致意，不要躲闪。

3）与旅客交流时，尽量使目光保持低姿位，平视旅客或低于旅客的眼睛；将目光保持在旅客的额头和两眼之间，更能表达一份诚意。

### 4. 站、走、蹲、坐的各类要求

（1）站姿

身形正直，耳、肩、臂、胯成一线，下颚微收，胸部稍挺，小腹收拢，两手自然下垂，整个形体显得庄重平稳。身体的重心平均于两脚上，不要身歪体斜；头不宜向后仰，不能双腿分开；注意手的姿势。

1）女客舱乘务员：双手可自然重叠于腹部，右手在上，四指并拢交叉，双腿并拢，两脚呈“V”字形或丁字形（图 4-1），禁止叉开双腿。

2）男客舱乘务员：双臂自然下垂，或重叠于腹部，左手在上，两脚微开。

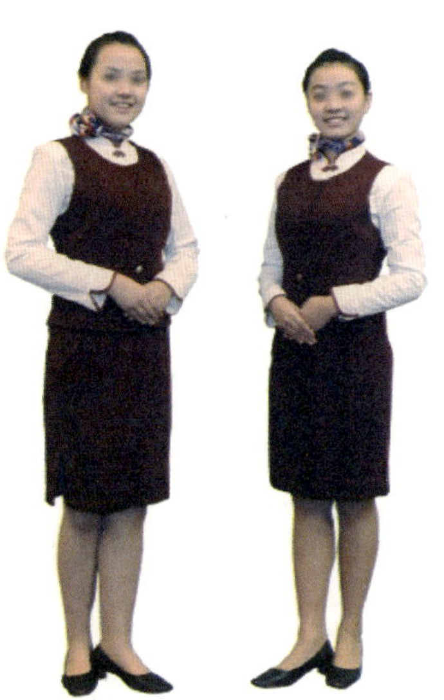

图 4-1　女客舱乘务员站姿

（2）走姿

上身挺直，头正目平，收腹立腰，摆臂自然，步态优美，步伐稳健，动作协调，走成直线。行走时，脚步不宜过重、过大、过急，不要左右摇晃和拖沓。

1）巡视客舱：缓慢地巡视客舱，步态优美，目光与旅客相遇时，自然地点头微笑。

2）客舱相遇：在客舱内乘务员相遇时，需采用交叉走的方式，微笑示意，背对背而过，注意视线留在客舱内。

3）基本走姿：自然摆臂走、端盘走或两手腹前相握走等。

（3）下蹲

客舱乘务员从餐车内拿取餐盒、客舱内拾物及与旅客交流（时间超过 1 分钟）时都需要采用下蹲的姿势（图 4-2）。

图 4-2 女客舱乘务员蹲姿

1）下蹲时，上身应尽量保持垂直，双膝有高低，要轻蹲轻起、直蹲直起，不要深弯腰。女客舱乘务员应注意双腿紧靠。

2）拾物时，应采用侧身位，不要弯腰翘臀。左手拾物应左腿低，右手拾物应右腿低，另一只手放于腿上，保持姿态优雅。

3）与旅客交流时，可采用稍弯腰、稍屈膝或下蹲等动作来调节体态与高度；与旅客的距离适当，一般保持在 45 ～ 100 厘米。

（4）坐姿

1）基本要求：表情自然，目光平视。上身端正而稍向前倾，女客舱乘务员要双手自然交叉放于双腿上，双膝合拢，双腿放在中间或稍向左右，不可分开（图 4-3）；男客舱乘务员要双手平放于双腿上，两脚与肩同宽。

2）面对旅客：客舱乘务员坐在旅客对面时，应注意入座姿势要规范，与旅客要有目光交流；入座、起身前，应与对面旅客微笑、点头示意；坐在客舱乘务员座位上与旅客交谈时，上身应微微前倾，以示对旅客的尊重。

图 4-3 女客舱乘务员坐姿

## 三、客舱乘务员的职业素养

客舱乘务员的职业素养具体表现在以下几个方面。

### 1. 吃苦耐劳的职业精神

吃苦耐劳的职业精神是指不怕苦、不怕累、不怕烦、不怕脏的“四不怕”精神。

（1）不怕苦

客舱是客舱乘务员的工作场所，由于空气干燥、客舱压力及飞行噪声都会对其身心造成一定的影响。客舱乘务员一般一周飞行 4 ～ 5 天，一天飞行 4 ～ 5 个航段，如果执行早晨 8 点的航班，客舱乘务员可能在凌晨 4、5 点就要离开家前往公司驻地，航班结束往往已到晚上或深夜。客舱乘务员要学会在繁忙辛苦的工作中找寻奉献的快乐。

（2）不怕累

客舱乘务员的服务质量要求高，工作量大。执行航班任务时，还要受到起飞、下降和加速度的影响，身体容易产生疲劳。尤其当执行通宵航班和国际远程航班任务时，人体的生物钟被打乱，客舱乘务员还要调整时差，会感到身体更加疲倦，精力下降。因此，客舱乘务员要学会休息，正常进餐，注意补充营养，从而保持充沛的精力执行航班任务。

（3）不怕烦

飞行工作中，旅客往往会向客舱乘务员提出各种服务需求，或者询问相关问题，此时客舱乘务员要不怕麻烦，要耐心细致地回答旅客的问题，及时满足旅客的服务需要。特别是遇到无法解决和满足旅客的服务需求时，客舱乘务员更加要克服烦躁的情绪，调整好心态，绝不能在旅客面前流露出不耐烦的表情。

（4）不怕脏

为旅客创造清洁卫生的客舱环境是客舱乘务员服务工作的主要内容之一。客舱乘务员在进行客舱服务时要及时回收餐盒、清洁盥洗室。遇到晕机呕吐的旅客，还要帮助清理呕吐物，客舱乘务员要克服怕脏的畏难情绪，及时做好客舱的各项清洁工作，保持干净整洁的客舱环境。

### 2. 高度尽职的安全意识

安全是航空公司的最高职责。客舱乘务员不仅要做好客舱的服务工作，还要承担起保证旅客安全的重要职责。一名合格的客舱乘务员应该具备高度的安全意识和对突发事件的正确判断和处置能力。

（1）安全意识强

客舱乘务员在执行航班任务时，要随时保持高度的安全意识和防范的预见性，及时发现和处置存在的各种安全隐患，尽力避免不安全事件的发生。例如，2001 年 9 月 11 日，美国航空公司的华裔客舱乘务员邓月薇在第 11 号班机上经济舱值勤，该航班起飞后不久即被恐怖分子劫持，大约 8 时 20 分，邓月薇在劫匪胁迫和恐吓的情况下，沉着冷静地向地面控制中心拨通紧急电话，她向话务员说明了自己的身份，报告了两名座位在头等舱 2A 和 2B 的旅客进入驾驶室，机长无法联络，头等舱的旅客全部被赶出来，两位商务舱的乘务员被刺伤，飞机摇晃不定。她的完整表述帮助地面人员迅速通知紧急中心并确定为劫机事件，及时取消了这条航线的所有班机。邓月薇履行职责，在第一时间报告机上情况，“9・11”事件调查委员会称她是美国英雄。旧金山市原市长布朗将9月21日命名为“旧金山邓月薇日”。由此可见，客舱乘务员具备的高度安全意识在关键时刻可以挽救航空公司，挽救众多旅客的生命，甚至国家的安全。

（2）处置能力强

航班运行中有时会遇到一些不安全事件，客舱乘务员要沉着冷静，运用平时训练的技能，安全及时妥善地处置，全力保证旅客的安全。例如，2007年台湾某客机从中国台北起飞，在日本冲绳那霸机场着陆后突然起火，客舱乘务员立即打开紧急逃生滑梯，大声呼喊，引导旅客从应急出口撤离飞机，用了不到90秒的时间，机上157名旅客和8名机组人员全部安全撤离。在危难时刻，由于客舱乘务员具备精湛的专业技能和高度的责任意识，正确判断，迅速采取措施，为旅客和机组全体人员的安全撤离，赢得了宝贵的时间。

### 3. 精湛娴熟的专业技能

客舱乘务员具备精湛娴熟的专业技能是做好航班安全服务工作的必要保证。同时，还要注意加强拓宽知识面，培养学习的兴趣和爱好，丰富自身的知识储备，才能更好地做好本职工作，提供超出旅客期望的高品质服务。

（1）娴熟的技能

客舱乘务员娴熟的技能在服务过程中发挥着重要的作用。例如，遇到外籍旅客时，客舱乘务员良好的外语能力，能增进与旅客的沟通，拉近与旅客的距离；遇到旅客对安全规章不理解时，客舱乘务员通过详细的讲解，为旅客释疑解惑，让旅客产生安全感和信任感，取得旅客对安全管理工作的支持；遇到聋哑旅客时，客舱乘务员可以运用掌握的哑语手势，为特殊旅客提供个性化的服务。总之，客舱乘务员要具备娴熟的技能，才能为旅客更好地服务。

（2）良好的学习习惯

客舱乘务员除了要掌握精湛的业务知识外，还应该养成良好的学习习惯，加强其他知识的学习，不断提升自身的服务能力。例如，上海航空服务股份有限公司的全国劳动模范吴尔愉在一次执行航班时，遇到了来上海旅游的一对年轻夫妇。她发现抱在母亲怀中的幼儿头部奁拉着，无法支撑起来。吴尔愉凭着积累的生活经验，判断该幼儿存在比较严重的缺钙问题，于是她主动建议这对夫妇到上海儿童医院去就诊，经检查该幼儿果然患有钙吸收障碍引起的软骨病。由于吴尔愉的提醒，幼儿得到了及时的治疗，这对夫妇对吴尔愉表示了衷心的感谢。由此可见，客舱乘务员具有丰富的知识能够在航班中为旅客提供超值的服务，给旅客留下深刻的印象。

### 4. 以客为尊的服务理念

客舱服务是民航运输服务的重要组成部分，为旅客提供优质的服务是客舱乘务员的本职要求。树立以客为尊的服务理念是客舱乘务员做好客舱服务的前提，是其必备的职业素养。在激烈的航空市场竞争中，以客为尊的服务理念和优质的客舱服务将对航空公司占领市场份额、赢得更多的回头客发挥至关重要的作用。

#### 5. 端庄优雅的言行举止

客舱乘务员在客舱里服务，与旅客是近距离的接触，其一言一行都会引起旅客的关注，端庄优雅、彬彬有礼的言行举止会给旅客带来愉悦的视觉感受和心理上的满足。

#### 6. 积极阳光的心理素质

客舱乘务员在飞机上要接触性格迥异的众多旅客，也会遇到各种意想不到的突发情况，如果没有良好的心理素质、热情开朗和积极乐观的性格，就很难胜任此项工作。

#### 7. 健康强壮的身体素质

客舱乘务员要承受极地飞行、颠簸、晕机等影响，要始终在旅客面前保持良好的精神状态，就必须具备良好的身体素质和健康的体魄。

客舱乘务员职业素养的形成是一个长期学习和不断积累的过程，不可能一蹴而就。因此，客舱乘务员要正确理解客舱乘务员职业的本质要求，树立正确的人生观、价值观和职业观，要遵守社会公德和职业道德，树立爱岗敬业的精神，加强学习，完善自我。

## 第二节　民航客舱服务

### 案例导入

杨国庆一家终于顺利登机了。美中不足的是，座位没有想象中的宽大舒适。杨国庆想起刚才找座位时看到有一排座位间距明显比其他座位大，而且现在还没人坐，便带着妻子和孩子赶紧坐了过去。但行李架全满了，只能把行李放在脚下。没想到不一会儿客舱乘务员过来了，并告诉他们不能随便换座位，杨国庆一家只能回到原来的座位上。折腾了这么久，飞机总算要起飞了。杨国庆也准备休息一下，就顺手拉下了遮光板，靠在座位上闭目养神。没想到客舱乘务员又过来了，提醒杨国庆要系上安全带，而且现在必须把遮光板打开。“坐飞机规矩还这么多！”杨国庆不满地嘀咕着。民航对客舱服务和安全有哪些规定呢?

### 一、客舱服务概述

客舱服务是指航空公司为乘机旅客在客舱内提供餐饮服务、娱乐节目等具体的服务项目，以及微笑、热情、友好等种种表现形式，在为旅客提供能够满足其生理和心理的、物质和精神的需要过程中创造一种和谐的气氛，产生一种心理效应，从而使旅客乐于交流、乐于再次乘坐的一种活动。

### 1. 客舱服务的定义

（1）定义

从狭义的角度看，客舱服务是按照民航服务的内容、规范和要求，以满足旅客需求为目标，为旅客提供相应的服务，是旅客在享受航空公司服务过程中最长时间的体验。

从广义的角度看，客舱服务是以客舱为服务场所，以个人的影响力与展示性为特征，将有形的技术服务与无形的情感传递融为一体的综合性活动。这种理解既强调了客舱服务的技术性，又强调了客舱服务的过程中所不可或缺的情感表达。

（2）客舱服务与服务文化

随着时代的发展和航空运输旅客需求的不断提升，优质的客舱服务在规范化、法制化和科学化管理的基础上，形成了更贴近旅客空中旅途的服务传统，包括个性化和特色化，使优质的客舱服务发展成客舱文化。例如，新加坡航空公司给人最深刻的印象就是其高水平的服务质量。空乘人员优雅大方的形象、细致贴心的服务、舒适宽敞的客舱座位、精益求精的美食、不断更新的机上娱乐系统等，都成为新加坡航空公司品牌的重要标志。新加坡航空公司打造的服务文化是其树立品牌形象、提升品牌竞争力的重要推动力，使其在航空业保持领先地位和核心竞争力。

### 2. 客舱服务的意义

（1）客舱服务是彰显航空公司服务能力的重要窗口

客舱服务是旅客体验航空公司服务产品时间最长的一个阶段。客舱服务除了向旅客提供舒适的座椅、可口的餐食、多样的娱乐设施等硬件服务以外，更为关键的是乘务员对旅客的服务。服务规范、真诚热情、主动及时等服务特色，都是旅客感受企业服务水平最直观的表现。客舱服务已经成为航空公司竞争的关键手段之一。

（2）客舱服务是服务营销的重要组成部分

优质的客舱服务能够有效地巩固现有旅客，赢得更多回头客，扩充大量长期忠诚的客户，是企业创造经济效益不可忽视的重要方面。例如，航空公司一个企业的常旅客能为企业带来更多的客源，从而促进航空公司的销售额不断增长。根据著名的 80/20 法则，航空公司的 80% 的利润源于 20% 的销售机会，而拥有优质的客舱服务有助于航空公司把握住 20% 的销售机会，赢得更大的利润。

### 3. 客舱服务与一般服务的差异

（1）安全责任重大

由于航空运行的特殊性决定了航空企业的安全责任，所以确保客舱安全是安全运行的基本内容。驾驶舱的机组成员操控飞机，直接掌握飞行安全的生命线，而乘务组的首要职责就是确保客舱的运行安全，也是所有客舱服务的基本要求。

（2）服务环境特殊

由于客舱环境有着设施功能特殊、服务空间相对狭小的特点，客舱乘务员在服务过程中是近距离、长时间地接触旅客，会受到飞行状态和旅客情绪的影响，所以要求客舱乘务员具有适应特殊环境的能力。

（3）规范性强

客舱服务既有国家规定的服务标准，又必须达到民航安全运行的要求。例如，为旅客提供饮料都有严格的标准。一般情况下，倒饮料七八成满，这不仅是礼仪要求，更是安全要求。倒热饮时如果发生颠簸，则要严格遵守五成满的标准，防止因颠簸造成的倾翻和烫伤。客舱服务的规范性是飞行安全的重要构成因素之一，而飞行安全是民航工作的重中之重，牵系着旅客的生命、企业的生存及国家的形象和声誉。

（4）注重个性化服务

客舱内有着不同层次的旅客，上至国家政要，下至平民百姓；既有经常乘坐飞机的商务旅客，又有初次乘坐飞机的旅游团队。其实客舱就是一个小社会，客舱乘务员应该根据不同层次、不同要求、不同地区、不同国籍的旅客提供个性化的服务。例如，为商务舱和公务舱旅客提供服务时更注重的是服务的细节，如动作的轻柔、沟通的适时、服务的零打扰；为团队旅客提供服务时注重的是他们的乘机兴趣，如向旅客介绍飞机机型、空中沿途风景等。这些个性化服务是提升服务品质的关键。

（5）突发情况处置

飞机在高空飞行时，能够借助的资源少。一旦发生紧急情况，更需要客舱乘务员的应变能力和处置能力。例如，在旅客突发急病时，客舱乘务员的角色就是医生、护士。除了给他们必要的安慰以外，最重要的就是对旅客实施急救，想尽一切方法来挽救旅客的生命，减轻旅客的痛苦。例如，孕妇在机上分娩，客舱乘务员必须在有限的空间和时间、简单的设备及机上没有医生的情况下承担起医生的角色，尽一切可能帮助产妇，以确保产妇和婴儿的平安。

综上所述，客舱服务要求客舱乘务员具备较高的综合素质。除了一般服务行业所需的服务意识、专业知识和服务技巧以外，还要具备稳定的心理素质及遇到突发情况时的处置能力和特殊技能，以实现航班的安全运行。

### 4. 客舱服务的要点

（1）热情真诚

态度决定一切。热情真诚的服务态度是旅客感受服务最直接的体现，而发自内心的微笑又是热情真诚的服务最好的表现。航空服务的微笑一向被服务业所推崇，而客舱乘务员的微笑更是服务业首推的职业微笑。例如，上海航空股份有限公司的吴尔愉被旅客赞誉为“微笑天使”，只要有旅客乘机见到吴尔愉，印象最深的就是她那甜美的微笑。另外，热情真诚的服务还包括耐心聆听旅客的意见和建议。

（2）主动及时

主动及时的客舱服务是客舱乘务员服务意识的具体表现形式之一，客舱乘务员要善于通过旅客的肢体语言、神情变化和情绪发泄来体察旅客潜在的需求，服务于旅客开口之前。在与旅客的语言交流过程中，客舱乘务员要注意揣摩旅客的心理，第一时间掌握了解旅客的信息和期望，及时提供所需要的服务。例如，当旅客突然打喷嚏正在为身边没有纸巾而处于窘境时，这时客舱乘务员应不动声色地立即递上纸巾，既缓解了旅客的尴尬境地，又体现了主动的服务意识。

（3）有效沟通

“良言一句三冬暖，恶语伤人六月寒”，沟通的目的在于营造和谐温馨的客舱氛围，了解旅客的需求。

（4）细节决定成败

客舱乘务员应该本着以人为本、以客为尊的服务理念，将注重细节渗透在服务流程的每一个环节上，使旅客在旅途中感到无微不至的关怀，甚至有时还会获得意外的惊喜。关怀和惊喜都会让旅客对空中服务留下深刻的印象，树立起对航空公司良好的口碑。所以，注重细节是提升客舱服务品质的重要手段。

### 5. 客舱服务的内容

（1）从意识形态上区分

从意识形态上，客舱服务包括有形服务和无形服务。

1）有形服务是指航空公司提供给旅客的空中硬件服务，它包括提供的餐饮服务、机供品（书报杂志、毛毯、洗漱品等）服务、视频（音频）服务、客舱环境、客舱设备等。

2）无形服务主要是指心理服务，又称为精神服务，是一种高层次的服务。其内容包括服务人员的仪容仪表、气质风度、文明礼貌用语及妥善处理服务中的冲突和紧急情况等。

（2）从服务流程上区分

从服务流程上，客舱服务包括：迎客服务—广播服务（按需）—安全介绍—报纸杂志—餐饮服务—入境、海关单发放（国际）—免税品销售（国际）—目的地景点信息告知—落地送客服务。

（3）从飞机舱位类型上区分

从飞机舱位类型上，客舱服务可分为头等舱服务、公务舱服务和经济舱服务。

## 二、客舱服务实施

### 1. 迎送服务

迎送是社交礼节的基本形式之一。在航班中，迎送服务既表达着客舱乘务员对旅客的欢迎、感谢、尊重之情，也是体现客舱乘务员礼仪素养的重要环节。正确认识迎送服务的重要性，充分把握迎送服务的契机，使旅客在第一时间内对客舱乘务员留下美好的印象，为后续客舱服务奠定良好的基础。

（1）迎接旅客

1）迎客前准备。

检查形象：迎客前，客舱乘务员应根据仪容仪表、服饰着装等要求，进行自查或互查。如果发现脱妆应及时补妆，以保持整体的精神面貌与形象的端庄、典雅。

检查客舱：旅客登机前，客舱乘务员应按照安全运行和客舱清洁的要求，确认客舱内没有与飞行无关的人员和物品（图 4-4），确保客舱环境干净、整洁。

图 4-4　乘务员检查行李架舱

播放乐曲：一般来说，登机时间会持续 30 ～ 45 分钟。在这段时间里，播放轻松、欢快的乐曲能够调节沉闷、枯燥的气氛，同时表达全体机组人员对旅客到来的欢迎之情。

营造环境：客舱灯光一般调节至明亮状态，客舱温度一般保持在 22 ～ 24℃，以旅客体感舒适为宜。

迎候旅客：客舱乘务员应在指定区域内，站姿端正，面带微笑，等候旅客登机。

2）服务要点。

主动问候：面带微笑，热情主动地问候每一位踏进客舱的旅客。

礼貌用语：原则上使用普通话和英语向旅客问候。如果能确认旅客的国籍，使用其母语问候，旅客会感到分外欣喜。问候时，应注意语气要亲切自然，语调略微上扬。

迎客礼：迎客礼是鞠躬礼的一种形式，表达对旅客的尊敬和诚意。直挺挺地站立的服务姿态容易令人产生距离感，不愿与之接近。

引导入座：面带微笑，上前询问并查看旅客登机牌上的座位号，主动引导入座或告知旅客其座位在客舱内的大致方位。

过道疏通：为了尽可能缩短旅客登机所耗费的时间，迎客时每一位客舱乘务员都应主动承担起疏导职责，做到眼明手快、灵活应对。

行李摆放：客舱乘务员在引导旅客入座时，应主动协助或帮助需要的旅客将行李摆放在行李架等中国民航局批准的储藏区域内。

核对人数：客舱乘务员使用计数器进行点数（有些航空公司利用离港系统计算人数）。乘务长必须确认旅客人数与载重平衡表保持一致。如果出现不符，应立即重新核对旅客人数，避免因此延误航班。

（2）送别旅客

飞机到达停机位后，发动机关车，“系好安全带”标示灯熄灭，客舱乘务员正常打开舱门，安排旅客离机事宜。送别旅客的服务要点如下：

1）归还物品。及时归还为旅客保管的行李物品，并做好必要的确认。

2）播放乐曲。在旅客离机时，播放舒缓、悦耳的乐曲，以表达全体机组人员对旅客的感谢之情、送别之意，并期待与旅客的再次相见。

3）灯光调节。客舱灯光一般调节至明亮状态。

4）相关提醒。提醒旅客不要遗漏随身携带物品。如果到达站与起飞站两地温差较大，应提醒旅客适当增减衣物。

5）热情道别。在指定送客区送别每一位旅客，并向旅客表示感谢。

6）主动帮助。一般应主动询问特殊旅客是否需要帮助，并协助任何需要帮助的旅客下机。

7）清舱检查。旅客全部下机后，客舱乘务员检查是否有旅客遗留物品并进行清舱检查，完成后及时汇报乘务长。如果发现旅客遗留物品，应立即交还旅客或与地面服务人员办理交接。

### 2. 广播服务

广播服务是客舱乘务员通过机载广播器传送声音，为旅客提供各类信息的服务。它贯穿于航班服务始末，具有覆盖面广、传播速度快、功能多样、感染力强等特点。

（1）广播员的职责

广播员必须经过专项培训方可上岗，其主要职责如下：

1）在执行航班任务时，应携带公司下发的乘务广播手册。

2）登机后，测试广播器是否处于良好状态。若发现故障，应及时汇报乘务长。

3）正确使用、爱护广播设备。

4）根据公司规定的广播内容、顺序和航班运行情况，准确、适时地向旅客进行广播。

（2）广播要求

为了确保广播质量，广播员应遵循以下要求：

1）基本要求。

➢ 广播员应当按照公司广播手册内容，落实各项广播。在特殊情况下，根据航班情况的不同可临时组织广播词。

➢ 广播时，要求吐字清晰、音调柔和、速度适中。正常情况下，较为适宜的中文播音速度建议为每分钟 200 ～ 220 字，英文播音速度为每分钟 120 ～ 150 词。

➢ 当长航线、夜航或大多数旅客休息时，应酌情减少广播或缩短广播内容。

➢ 夜航或头等舱、公务舱旅客休息时，在条件允许的情况下，根据机型分舱广播，避免打扰旅客休息。

➢ 当航班延误时，应及时广播，告知旅客相关信息。

➢ 遇有颠簸应及时提醒旅客，必要时重复广播。

2）注意事项。

➢ 控制语速。语速指的是乘务员以有声语言在播报客舱广播内容时给旅客听觉的一种接受速度，客舱广播应采用标准语速。若广播语速过快，会让旅客听不清楚，无法理解广播内容；若广播语速过慢，会给旅客一种拖沓、生疏之感。节奏的快慢在实际广播中受多方面因素的制约，如广播时的情绪、对广播内容的熟悉度等。

对于不同性质的广播内容，还要掌握语气，做到声情并茂。让旅客切实感受到广播内容的价值，收到事半功倍的效果。

➢ 表达流利。流利性是指广播时吐字清晰，发音标准，内容表达连贯顺畅。广播时，客舱乘务员与旅客间并不是面对面的交流，不能借助手势、表情等辅助手段，只有发准每一个字、词的读音，才能使旅客准确地接收广播中传递的信息。如果广播时发音不准、吐字不清，语言表达不连贯，会使旅客不能正确理解广播内容，从而影响广播的效果。

因此，客舱乘务员应有意识地加强广播基本功的训练，提高广播水平。例如，借助广播录音带进行标准跟读，学习播音员的标准发音、练习绕口令来掌握咬字的准确性等，以增强语言的流利性。

➢ 及时准确。广播是快速传递信息的一种有效途径，是从点到面的单向传播。

为了达到广播效果，必须确保广播的及时性和准确性。在航空运输过程中，旅客通过广播获得航班运行相关信息，尤其是遇有航班延误等突发事件，旅客最想了解的是延误原因、目前状况、预计等待时间等。此时，确切信息的及时发布能使旅客安排好自身行程，达到安抚旅客情绪、取得旅客谅解的作用；及时准确的广播还有助于让旅客协助并配合客舱乘务员的工作，从而真正发挥广播的作用。例如，在飞行中，如果遭遇强气流，会对飞机造成较大的空中颠簸。此时，客舱乘务员应立即进行广播，准确传递颠簸信息，才能在最短的时间内通知到所有旅客，提醒旅客注意安全，并根据要求做好安全防范措施。

➢ 赋予情感。广播质量不仅仅局限于语速、语音、语调，充满情感、富有人情味的广播更易被听众接受。广播时若缺乏感情、语调平淡，给人感觉不亲切，让人失去兴趣，会使旅客产生一定的排斥心理；相反，如果把握好广播时的情感，就能引起旅客注意，使广播达到预期效果。

### 3. 餐饮服务

餐饮服务是客舱服务的重要组成部分，不仅影响旅客对航空公司服务的满意度，也反映了航空公司的服务能力。客舱乘务员在做好餐饮服务规范化和标准化的同时，更要注重服务的个性化和差异化。

（1）餐前准备

1）餐饮准备期间必须拉合厨房隔帘，做到“三轻”：说话轻、动作轻、脚步轻。

2）客舱乘务员在烘烤餐食和供餐前应洗净双手。

3）根据餐食种类确认烘烤时间和温度。

4）冲泡热饮。

（2）服务要点

提供服务时，一般遵循窗口座位优先、老弱妇孺优先的原则。

1）推拉餐车。客舱乘务员手指并拢、两手扶住餐车的两侧进行推拉，在拉餐车时还可运用拉住车扶手的方法进行操作。掌握适当的速度，避免碰撞旅客、座椅或其他客舱设施。单人推车时，始终站在面对旅客的一侧，同时确保另一侧的车门锁闭。

2）送饮料。客舱乘务员开启带气类的饮料时，可用毛巾捂住或放于餐车内打开，防止喷溅；开启果汁类饮料时，应先轻轻摇匀，幅度不可过大。为需要的旅客打开小桌板，倒冷饮料时，应先询问是否需要添加冰块（先放冰块，再倒饮料）。倒饮料时，应将饮料瓶或壶从餐车上取下，低于餐车位进行倾倒，壶嘴 / 瓶嘴对着过道，必要时可退后一步倒；倒热饮时，不可过急，以免将水花溅到旅客身上；倒冷饮时，杯口不可碰到瓶口；倒带汽饮料时，杯子要倾斜一定的角度。倒饮料时，一般以水杯的七八成满为宜。轻度颠簸时，则以杯子的五成满为宜；为年幼旅客提供饮料时，冷饮以五成满为宜，热饮先征求监护人的意见，并放于监护人处。送出时，应握住水杯下 1/3 处，不应触碰到杯口；递送热饮时，应避免与旅客手对手交接。

3）送餐食。客舱乘务员主动向旅客介绍餐食种类，供旅客选择。发送餐盒时，将餐盒盖折叠整齐，送至旅客的小桌板上或递送于旅客手中。如配备热食，为确保服务安全，与旅客交接时必须进行语言提醒，不要将热食直接摆放在餐盒上送出，以免热食滑落。递送时，可将热食放在托盘上，以免烫到旅客。

4）回收餐具。客舱乘务员视旅客用餐情况及时回收餐具。回收餐具时，应先征询旅客意见，确认后方可收取。工作中，应避免汤汁、饮料等洒落在旅客身上。收取完毕后，帮助旅客清理并收起小桌板。

# 第三节　民航客舱安全管理

## 案例导入

飞机很快进入了平飞状态，客舱乘务员开始为旅客发放饮料和餐食。突然，杨国庆一家后排有位旅客面色苍白、说话声音微弱、呼吸困难，经过乘务长询问，该旅客没有家属或同伴同行。旅客微弱地说道其心脏做过搭桥手术，现在很不舒服，药在包里。乘务长在与机长报告旅客情况后，机长当机立断，决定返航上海。王德美见状不满地对着杨国庆嘀咕着："有这个必要吗？"机组人员的处理方式妥当吗？

为了保证飞机与人员的安全，所有的机组人员需要具有高度的安全意识，保证机上各项安全设施符合安全规定，保证旅客的行为符合各项安全要求，才能最大限度地保证旅客与飞机的安全。在旅客登机前，客舱乘务员首先要按照客舱安全规定的内容进行安全检查，根据配备的紧急设备种类和数量逐一进行核实，确保处于在位待用状态。

## 一、客舱日常安全管理工作

旅客登机前，客舱乘务员要做好服务设备的准备、机上应急设备的检查和清舱的检查，确认驾驶舱与客舱的联络信号。旅客登机时，客舱乘务员要注意旅客登机情况，确认旅客登机数与舱单上的旅客数相符，关好行李架并锁定。机门关闭后，客舱乘务员要确认出口座位旅客并帮助旅客明确出口座位的安全程序、确认手提行李存放位置和婴儿摇篮的位置，确认旅客系好安全带、收起小桌板、调直座椅靠背、关闭行李架和打开遮光板，提醒旅客便携式电子设备的禁用和限制，以及禁止吸烟的规定。

飞机推出停机位开始滑出时，客舱乘务员要遵守"飞行关键阶段"原则，并做好安全简介或安全演示工作。飞机滑行至起飞前，客舱乘务员要完成客舱安全检查，固定好厨房用品，调节客舱灯光，坐在指定位置，做好安全工作。

飞机飞行中，客舱乘务员要广播通知旅客系紧安全带或进行客舱安全检查，包括出口、厨房和洗手间的安全状况，餐车不使用时要确保其处于锁定状态。飞机着陆前，客舱乘务员要完成客舱安全检查，确保洗手间内无人并关闭上锁，固定好厨房设备，处理好废弃物，如感到有异常情况应及时通报机长。飞机着陆后，客舱乘务员要做好开机门的准备工作，做好清舱工作并保障旅客顺利下机。

## 二、客舱应急处置

飞机在飞行过程中，由于自身故障、天气原因及其他因素，可能出现安全问题。当出现紧急情况时，客舱乘务员应配合机组其他成员，做好应急处置工作，确保旅客的生命和财产安全。紧急情况大致分为机上火灾、客舱释压、机上危险物品和机上急救等。

当机舱发生火情时，应立即成立灭火三人小组，各司其职，根据火情的类型和发生的具体位置，如机舱卫生间、厨房设备、客舱隔板等，采用恰当的灭火处置方法，保护好旅客，同时做好与驾驶舱的紧密沟通。

客舱释压分为缓慢释压和快速释压两种。此时，客舱内的氧气面罩会自动脱落，警告灯亮，禁烟灯及系好安全带灯亮，客舱气温会下降等。客舱释压后旅客会产生缺氧、疲倦、体感寒冷、耳朵不适、打嗝和排气，甚至昏迷等现象。客舱乘务员要立即带上距离自己最近的氧气面罩，迅速坐好，系好安全带。在飞机到达安全高度，可以安全走动后，对需要提供氧气的旅客提供手提氧气瓶，并进行客舱安全检查。

一旦发现客舱内有危险物品，客舱乘务员应立即报告机长，由机长通知空中管制系统，选择就近机场着陆，在整个处理过程中应随时与驾驶舱保持联系。按照危险物品的处置程序，做好飞机安全和旅客安全工作。

当旅客突发病情或意外受伤时，客舱乘务员要提供必要的、基本的紧急救治，直到医务人员赶到，而不是诊断病情或进行预先治疗。客舱乘务员应掌握以下几条基本急救的原则：第一，迅速有效地处理情况，发挥团队合作精神；第二，及时观察患者的生命体征，识别是否会威胁其他生命并采取基本的急救措施；第三，广播寻找医疗救助；第四，及时向机长汇报急救情况；第五，不要随意移动患者，保持最适合病情的体位；第六，一般不能给患者用口服药，不得为患者进行皮下注射；第七，提供急救时，做好自我防护和保护患者，减少自己被感染的危险。

当以上一些紧急情况无法在机舱内消除，机长宣布紧急迫降时（图 4-5），客舱乘务员要控制好机舱旅客的撤离次序，使旅客按照撤离程序撤离。

图 4-5　飞机紧急迫降

## 本章小结

客舱乘务员应该具备良好的综合素质，程序化服务主要是着眼于旅客的共性要求，而个性化、人性化服务是在程序化服务的基础上加以延伸，更加细化、具体、更加贴近旅客的要求，更能体现服务质量。通过对本章内容的学习，我们能够明确客舱乘务员职业形象和职业素养的要求，了解民航客舱服务、民航客舱安全管理的内容。在掌握程序化服务的同时，知道个性化服务、人性化服务对我们将来做好客舱服务岗位工作的重要性。

## 本章练习题

### 一、简答题

1. 分别描述男客舱乘务员和女客舱乘务员的职业形象要求。
2. 按照客舱乘务员的标准，给你的同伴分别演示站姿、坐姿、走姿和蹲姿。
3. 客舱乘务员如何养成良好的职业素养?
4. 简述客舱服务的重要性并举例说明。
5. 描述客舱乘务员的日常安全管理工作内容。
6. 客舱乘务员客舱应急处置流程。

### 二、案例分析题

2018 年 5 月 18 日，由嘉峪关飞往西安的东方航空 MU 2323 航班进入平飞状态后，一位有哮喘病史的林先生病情突然发作，更糟糕的是，其随身携带的药品也遗忘在了酒店。随着时间的推移，林先生情况不断恶化，几度失去意识，没有呼吸和脉搏。

根据所学知识，试分析此时客舱乘务员该如何正确处置。

# 第五章 民航货运员岗位知识

## 课前导读

中国经济和贸易的快速增长带动了航空货运的快速发展，通过政府政策的扶持和自身的建设发展，中国航空货运业已初具规模，国内航空公司的货运网络、机队规模和货邮运输步入快速增长的轨道。掌握民航货运基础知识，明确货物运输的操作流程，是从事民航货物运输员工的基本要求。本章内容包括民航货运常识、国内货物运输、国际货物运输和特种货物运输。

## 学习目标

**知识目标**

识记货物运输所涉及的基本概念；了解货物运输方式及工具；识记货物国内接收、运送、交付的规定；识记货物国际接收、运送、交付的规定；能够描述特种货物的种类及其运输规定。

**技能目标**

能够准确说出民航货物运输的操作流程。

# 第一节　民航货运常识

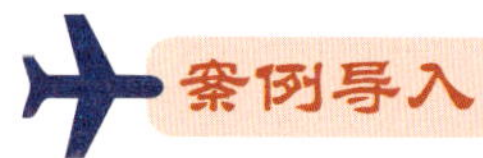


杨国庆工作的公司要往厦门方向发送总重一吨多的鲜活易腐货物——沙蚕。为了保证货物安全到达目的地，有乘机经验的杨国庆首先想到了航空运输的方式。那么，这批货物可以作为行李托运吗？

## 一、航空货物运输的相关定义和概念

### 1. 航空货物运输

航空货物运输（图 5-1）是指一定的货物（包括邮件）通过航空器自始发地运往目的地的运输。这种运输还包括市区和机场的地面运输。

图 5-1　航空货物运输

### 2. 航空货物运输当事人

（1）承运人

承运人是指包括发行航空货运单的承运人和运输货物、约定运输货物或者约定提供与此航空运输有关的任何其他服务的所有承运人。

（2）代理人

代理人是指经承运人授权，代理承运人从事与货物运输有关活动的任何人，但本规则中另有规定的除外。

（3）托运人

托运人是指与承运人订立货物运输合同，其名称出现在航空货运单托运人栏内的人。

（4）收货人

收货人是指承运人将货物交给航空货运单收货人栏内所载明的人。

### 3. 航空运单

（1）定义

航空运单（airway bill，AWB），是航空运输公司及代理人签发给发货人表示已收妥货物并接受托运的货物运输单据，是承托双方的运输合同，其内容对双方均具有约束力。航空运单不能转让，持有航空运单也并不能说明可以对货物要求所有权，因而是一种不可议付的单据。

（2）国内货运单各联用途

国内货运单及各联构成如图 5-2 及表 5-1 所示。

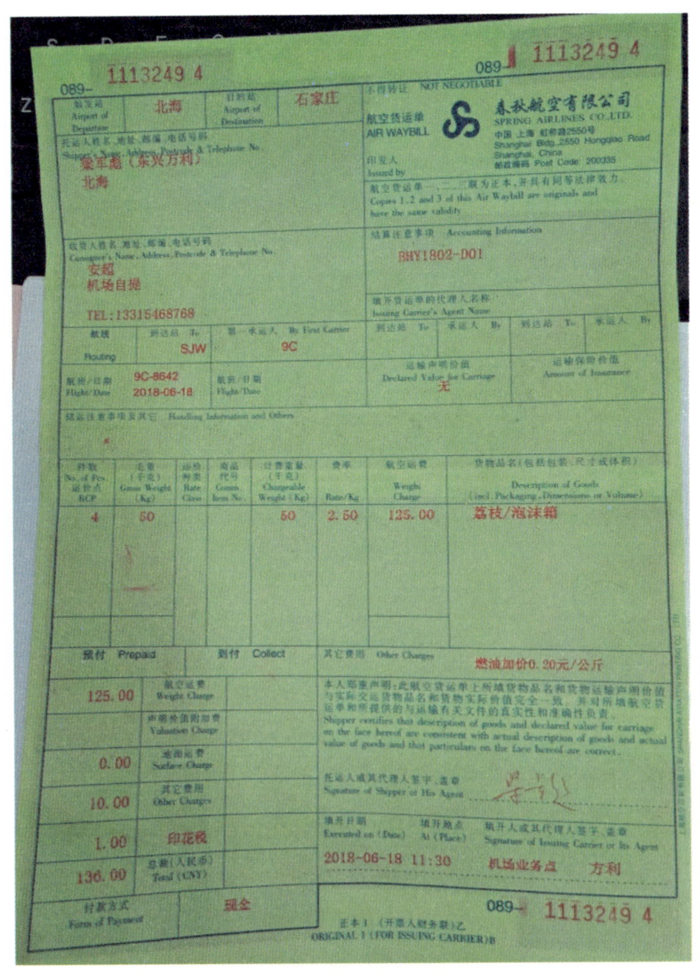

089- 1113249 4

089- 1113249 4

不得转让 NOT NEGOTIABLE

航空货运单
AIR WAYBILL

春秋航空有限公司
SPRING AIRLINES CO.,LTD.
中国 上海 虹桥路2550号
Shanghai Bldg.2550 Hongqiao Road
Shanghai, China
邮政编码 Post Code: 200335

始发站 Airport of Departure：北海
目的站 Airport of Destination：石家庄

托运人姓名、地址、邮编、电话号码 Shipper's Name, Address, Postcode & Telephone No.
黎军彪（东兴万利）
北海

印发人 Issued by

航空货运单一、二、三联为正本，并具有同等法律效力。
Copies 1, 2 and 3 of this Air Waybill are originals and have the same validity

收货人姓名、地址、邮编、电话号码 Consignee's Name, Address, Postcode & Telephone No.
安超
机场自提
TEL:13315468768

结算注意事项 Accounting Information
BHY1802-D01

填开货运单的代理人名称 Issuing Carrier's Agent Name

航线 Routing | 到达站 To：SJW | 第一承运人 By First Carrier：9C | 到达站 To | 承运人 By | 到达站 To | 承运人 By

航班/日期 Flight/Date：9C-8642 2018-06-18 | 航班/日期 Flight/Date

运输声明价值 Declared Value for Carriage：无
运输保险价值 Amount of Insurance

储运注意事项及其它 Handling Information and Others

| 件数 No. of Pcs. 运价点 RCP | 毛重（千克）Gross Weight (Kg) | 运价种类 Rate Class | 商品代号 Comm. Item No. | 计费重量（千克）Chargeable Weight (Kg) | 费率 Rate/Kg | 航空运费 Weight Charge | 货物品名（包括包装、尺寸或体积）Description of Goods (incl. Packaging, Dimensions or Volume) |
|---|---|---|---|---|---|---|---|
| 4 | 50 | | | 50 | 2.50 | 125.00 | 荔枝/泡沫箱 |

预付 Prepaid | 到付 Collect | 其它费用 Other Charges：燃油加价0.20元/公斤

| 预付 Prepaid |  |
|---|---|
| 125.00 | 航空运费 Weight Charge |
| | 声明价值附加费 Valuation Charge |
| 0.00 | 地面运费 Surface Charge |
| 10.00 | 其它费用 Other Charges |
| 1.00 | 印花税 |
| 136.00 | 总额（人民币）Total (CNY) |

付款方式 Form of Payment：现金

本人郑重声明：此航空货运单上所填货物品名和货物运输声明价值与实际交运货物品名和货物实际价值完全一致，并对所填航空货运单和所提供的与运输有关文件的真实性和准确性负责。
Shipper certifies that description of goods and declared value for carriage on the face hereof are consistent with actual description of goods and actual value of goods and that particulars on the face hereof are correct.

托运人或其代理人签字、盖章 Signature of Shipper or His Agent

填开日期 Executed on (Date)：2018-06-18 11:30
填开地点 At (Place)：机场业务点
填开人或其代理人签字、盖章 Signature of Issuing Carrier or Its Agent：方利

089- 1113249 4

正本1（开票人财务联）乙
ORIGINAL 1 (FOR ISSUING CARRIER) B

图 5-2 国内货运单

表 5-1　国内货运单各联构成表

| 序号 | 货运单各联数名称 | 货运单分发对象 | 货运单颜色 |
|---|---|---|---|
| 1 | 正本 1 | 交制单承运人 | 浅绿色 |
| 2 | 正本 2 | 交收货人 | 浅黄色 |
| 3 | 正本 3 | 交托运人 | 淡蓝色 |
| 4 | 副本 4 | 交最后承运人 | 白色 |
| 5 | 副本 5 | 交目的地机场 | 白色 |
| 6 | 副本 6 | 交第二承运人 | 白色 |
| 7 | 副本 7 | 交第一承运人 | 淡粉色 |
| 8 | 副本 8 | 交制单人留存 | 白色 |

1）正本 1（制单承运人联）：由制单航空承运人留存，是承运人收取运费的凭证，作为记账凭证送交财务部门，也是承运人与托运人共同签署运输合同的证明。

2）正本 2（收货人联）：随货物运至目的地，承运人在目的站交付货物时交收货人。

3）正本 3（托运人联）：由托运人留存，是货物收运的证明，也是航空承运人与托运人共同签署的运输合同证明。

4）副本 4（货物交付联）：随货物运至最终目的地，收货人提取货物时在此联签字，由承运人留存，作为货物已经交付收货人的凭证。

5）副本 5（目的站联）：由目的站机场留存；也可作为第三承运人联，由第三承运人留交其财务部门作为结算凭证。

6）副本 6（第二承运人联）：由第二承运人留交其财务部门作为结算凭证。

7）副本 7（第一承运人联）：由第一承运人留交其财务部门作为结算凭证。

8）副本 8（代理人联）：由货运单填制人留存备查。

（3）国际货运单各联用途

国际货运单共一式十二份。其各联构成见表 5-2。目前，经营国际货物运输的航空公司及其航空货运代理公司使用的都是统一的一式十二份的货运单。

1）正本 3 份，其背面印有运输合同条款。

➢ 第一份注明“交承运人（original-for the issuing carrier）”，由托运人签字、盖章，由承运人留存，作为记账凭证。

➢ 第二份注明“交收货人（original-for the consignee）”，由托运人和承运人签字、盖章，随货同行，在货物到达目的地。交付给收货人时作为核收货物的依据。

➢ 第三份注明“交托运人（original-for the shipper）”，由承运人在接收货物后签字、盖章，并交给托运人，是承运人或其代理人接收货物的依据。

2）副本 6 份，最后承远人（for delivery receipt）、目的地机场（airport of destination）、第三承运人（third carrier）、第二承运人（second carrier）、第一承运人（first carrier）、副本（copy）。还有额外副本（extra copy）3 份。

表 5-2　国际货运单各联构成表

| 货运单组成 | 货运单各联数名称 | 货运单分发对象 | 货运单颜色 |
|---|---|---|---|
| 三联正本 | 正本 1 | 制单承运人 | 浅绿色 |
| | 正本 2 | 收货人 | 粉红色 |
| | 正本 3 | 托运人 | 浅蓝色 |
| 六联副本 | 副本 4 | 最后承运人 | 浅黄色 |
| | 副本 5 | 目的地机场 | 白色 |
| | 副本 6 | 第三承运人 | 白色 |
| | 副本 7 | 第二承运人 | 白色 |
| | 副本 8 | 第一承运人 | 白色 |
| | 副本 9 | 代理人 | 白色 |
| 三联额外副本 | 额外副本 | 承运人 | 白色 |
| | 额外副本 | 承运人 | 白色 |
| | 额外副本 | 承运人 | 白色 |

（4）国际货运单分类

根据签发人的不同，国际货运单主要分为两大类，即航空主运单和航空分运单。

1）航空主运单（master air waybill，MAWB）。凡由航空运输公司签发的航空运单称为主运单，它是航空运输公司据以办理货物运输和交付的依据，是航空公司和托运人订立的运输合同，每一批航空运输的货物都有自己相对应的航空主运单。

2）航空分运单（house air waybill，HAWB）。集中托运人在办理集中托运业务时签发的航空运单称为航空分运单。航空分运单的运输合同的当事人的双方，一方是航空货运代理公司，另一方是发货人；而航空主运单的运输合同的当事人双方，一方是航空公司（实际承运人）；而另一方是航空货运代理公司（作为托运人）。货物到达目的站后，由航空货运代理公司在该地的分公司或其代理凭主运单向当地航空公司提取货物，然后按分运单分别拨交各收货人。所以发货人和收货人与航空公司不发生直接关系。

知识加油站

**货运单号码**

货运单号码是货运单不可缺少的重要组成部分，每本货运单都有一个号码，它直接确定航空货运单的所有人——出票航空公司。它是托运人、发货人或其代理人向承运人询问货物运输情况的重要依据，也是承运人在各个环节，如订舱、配载、查询货物时必不可少的依据。

## 二、运输方式及工具

### 1. 运输途径

（1）班机运输

班机运输（scheduled airline）是指具有固定开航时间、航线和停靠航站的运输方式。这种运输的交通工具通常为客货混合型飞机，货舱容量较小，运价较贵，但由于航期固定，有利于客户安排鲜活商品或急需商品的运送。

（2）包机运输

包机运输（chartered carrier）是指航空公司按照约定的条件和费率，将整架飞机租给一个或若干个包机人（包机人指发货人或航空货运代理公司），从一个或几个航空站装运货物至指定目的地。包机运输适合大宗货物运输，费率低于班机，但运送时间则比班机要长。

（3）集中托运

集中托运（consolidation）可以采用班机或包机运输方式，是指航空货运代理公司将若干批单独发运的货物集中成一批向航空公司办理托运，填写一份总运单送至同一目的地，然后由其委托当地的代理人负责分发给各个实际收货人的托运方式。这种托运方式可以降低运费，是航空货运代理的主要业务之一。

（4）航空快递业务

航空快递业务（air express service）是由快递公司与航空公司合作，向货主提供的快递服务，由快递公司派专人从发货人处提取货物后以最快航班将货物出运，飞抵目的地后，由专人接机提货，办妥进关手续后直接送达收货人，称为“桌到桌运输（desk to desk service）”。这是一种最为快捷的运输方式，特别适合于各种急需物品和文件资料。

### 2. 运载飞机

（1）按机身尺寸分为窄体飞机和宽体飞机

窄体飞机：机身宽度约为 3 米，舱内只有一条通道，一般只能在下舱内装载包装尺寸较小的件杂货，如 A320、A321 等。窄体飞机机舱横截面如图 5-3 所示。

宽体飞机：机身宽度不小于 4.72 米，舱内有两道通道，下舱可装机载集装箱，如 B777、B747、A330、A340、A380。A380 宽体飞机机舱横截面如图 5-4 所示。

（2）按机舱载货方式分为全货机和客货两用机

全货机：是指机舱全部用于装载货物的飞机。全货机一般为宽体飞机，主舱可装载大型集装箱。目前，世界上最大的全货机装载量达 250 吨，通常的商用大型全货机载重量在 100 吨左右。B747 全货机装载布局如图 5-5 所示。

图 5-3 窄体飞机机舱横截面

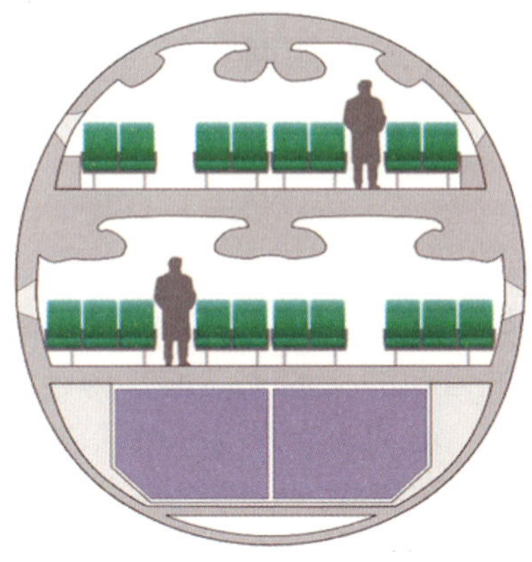

图 5-4 A380 宽体飞机机舱横截面

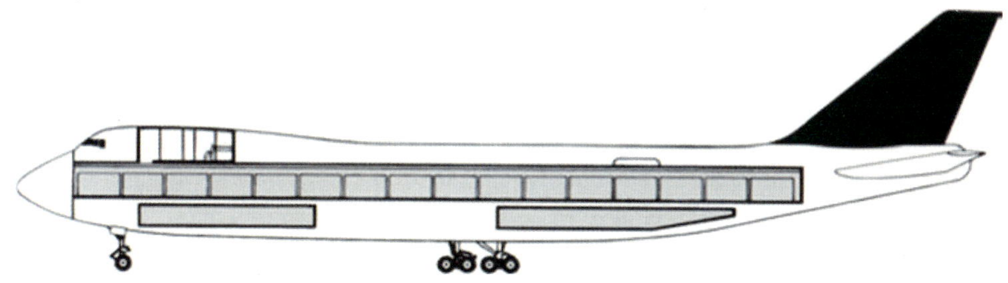

图 5-5 B747 全货机装载布局

客货两用机，即普通客机：上舱（主舱）用于载客，下舱（腹舱）用于载货。此外，客货两用机还有两种机型：①“COMBINE（康比）”机型：上舱半截货机型，主要是 B747（图 5-6）；②“QC”机型：根据市场需要可临时拆装座椅机型。

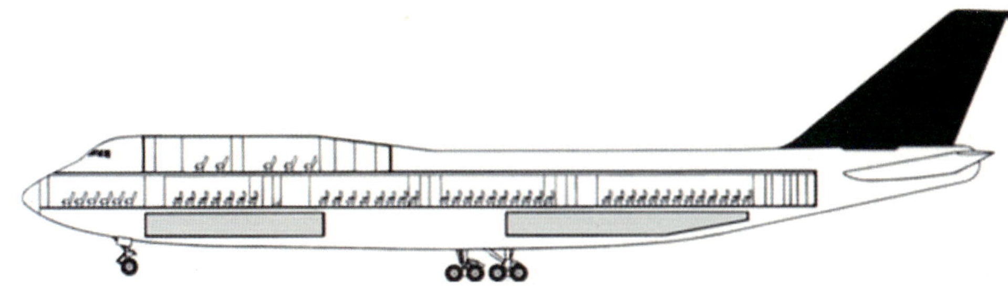

图 5-6 B747 普通客货两用机装载布局

### 3. 飞机的装载限制

（1）重量限制

由于飞机结构的限制，飞机制造商规定了每一货舱可装载货物的最大重量限额。

任何情况下，所装载的货物重量都不可超过此限额；否则，飞机的结构很有可能遭到破坏，飞机安全会受到威胁。

（2）容积限制

由于货舱内可利用的空间有限，因此，这也成为运输货物的限定条件之一。轻泡货物已经占满货舱的所有空间，而未达到重量限额。相反，高密度货物的重量已达到限额而货舱内仍会有很多的剩余空间无法利用。将轻泡货物和高密度货物混运装载，是比较经济的解决办法。

（3）舱门限制

由于货物只能通过舱门装入货舱内，货物的尺寸必然会受到舱门的限制。为了便于确定一件货物是否可以装入货舱，飞机制造商提供了舱门尺寸表。

（4）地板承受力

飞机货舱内每平方米可承受一定的重量。如果超过它的承受能力，地板和飞机结构很有可能遭到破坏。因此，装载货物时应注意不能超过地板承受力的限额。

### 4. 集装设备

集装设备一般分为以下 3 类。

（1）集装板

集装板具有标准尺寸，四边带有卡销轨或网带卡销限，中间夹层为硬铝合金制成的平板，以使货物在其上码放。集装板配有网套，是用来把货物固定在集装板上，网套是靠专门的卡锁装置来固定的两种集装板，如图 5-7 和图 5-8 所示。

（2）集装棚

非结构式集装棚：无底，前端敞开，套到集装板及网套之间。

结构式集装棚：与集装板固定成一体，不需要网套。

典型的集装棚如图 5-9 所示。

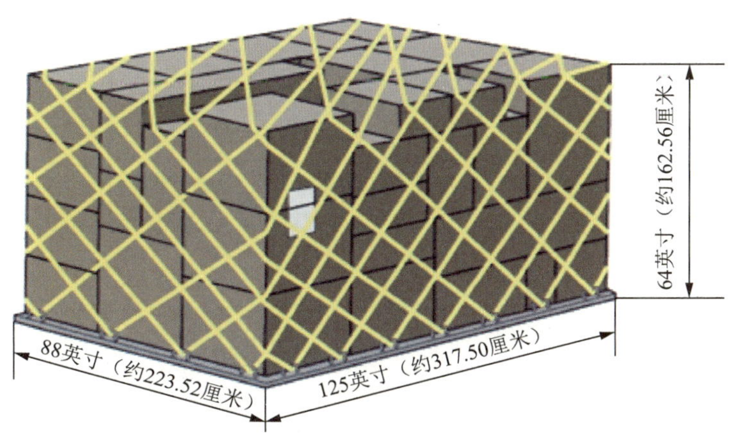


图 5-7　集装板（一）

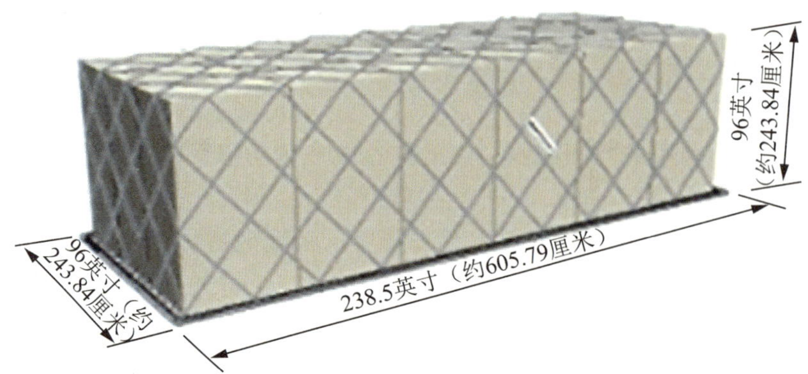


图 5-8　集装板（二）

图 5-9　集装棚

（3）集装箱

集装箱是在飞机的底舱与主舱中使用的一种专用集装箱，与飞机的固定系统直接结合，不需要任何附属设备。集装箱如图 5-10 所示。

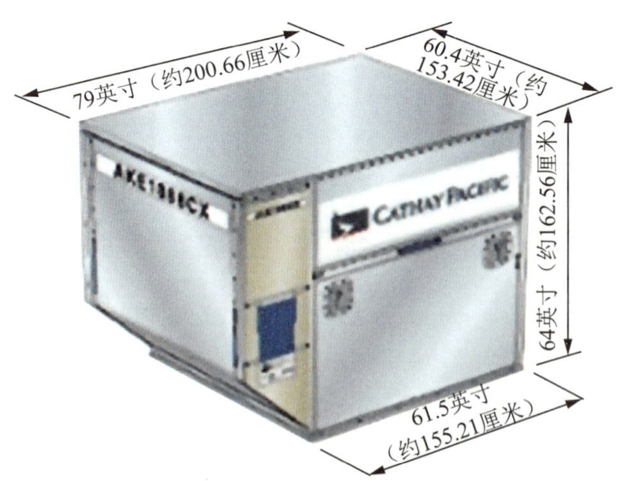


图 5-10　集装箱

# 第二节　国内货物运输

杨国庆工作的公司要往厦门方向发送总重1吨多的鲜活易腐货物——沙蚕。为此，他联系了一家货运公司，想通过民航运输的形式，尽快将货物送到客户手里。那么，杨国庆需要办理哪些手续呢？

## 一、货物托运的一般规定

托运人托运货物应遵守国际法律、政府规定、命令或要求，以及承运人关于货物包装、运输的相关规定。必要时，托运人应提供与托运货物有关的文件，并对其所提供文件的真实性和准确性负责。

托运人托运货物时，必须符合下列条件：

➢ 不是国家法律、政府规定、命令或要求禁止运输的货物。

➢ 货物的包装应符合航空运输的要求。

➢ 托运政府限制运输及需要向公安、检疫等政府有关部门办理手续的货物，应当随附有效证明。

➢ 货物不致危害飞机、人员、财产的安全，不致烦扰旅客。

除另有约定外，航空公司不承担声明价值超过规定限额的货物。运输条件不同或性质相互抵触的货物，托运人应分别办理托运手续。托运人托运货物应填写货物托运书。

## 二、货物的收运流程

### 1. 填写货物托运书

货物托运书由托运人自己填写。托运人应使用钢笔、签字笔或者圆珠笔书写。有些项目的内容应当使用全称。托运人应对所填写的内容的真实性、准确性负责。除粗线栏外，货物托运书的其他栏均由托运人填写。

### 2. 货物检查

检查货物是否符合允许运输的货物的规定，货物的包装是否合理，属于哪种货物，查看有没有去目的地的航班，舱内能否容纳下货物。

### 3. 货物称重，测量尺寸

核对货物重量和尺寸是否符合舱门尺寸限制、机舱地板承受力限制和分货舱总重量限制。

（1）货物重量和尺寸限制

1）货物最小尺寸：每件货物的长、宽、高之和不得小于40厘米。

2）非宽体飞机载运的货物，每件货物重量一般不超过80千克，尺寸一般不超过40厘米 ×60厘米 ×100厘米。

3）宽体飞机载运的货物，每件货物重量一般不超过250千克，尺寸一般不超过100厘米 ×100厘米 ×140厘米。

4）不同承运人可以根据机型及始发站、中转站和目的站的装卸设备条件，确定可以收运的货物的最大重量和包装尺寸。

（2）机舱地板承受力和垫板面积

1）机舱地板承受重量：货物压在机舱地板上的重量就是机舱地板所承受的重量。在承运体积小重量大的货物时，要注意机舱地板每平方米面积所承受的重量，是否超过机舱地板每平方米的额定最大负荷，即地板承受力。

2）公式：地板每平方米所承受货物的重量（千克/米$^2$）=货物重量（千克）÷货物底部面积（米$^2$）

货物的重量超过机舱地板承受力时，应使用2～5厘米厚的垫板，否则会压坏飞机。垫板的宽窄、长短应适应货物的形状。

垫板面积（米$^2$）≥货物重量（千克）÷ 机型地板承受力（千克/米$^2$）

**知识加油站**

**不同机型的地板承受力限额**

一般货运飞机舱位分为前货舱、后货舱和散舱，而B747货机舱位分为主货舱、前下货舱、后下货舱和散舱。

窄体机，如B757货机的地板（图5-11）承受力限额为732千克/米$^2$。宽体机，如B767货机的前、后货舱地板承受力限额为976千克/米$^2$，散舱为732千克/米$^2$。波音747货机主货舱地板承受力限额为1952千克/米$^2$，前、后货舱地板承受力限额为976千克/米$^2$，散舱为732千克/米$^2$。

（资料来源：陈芳，2010. 民航国内货运销售实务[M]. 北京. 中国民航出版社.）

图 5-11　B757 货机的地板

## 4. 计算运费

货运价不包括货物的声明价值附加费；若有，则要另加进去。

（1）国内航空货物运价一般使用顺序

1）直达货物运价优先于分段相加组成的运价。

2）指定商品运价优先于等级货物运价和普通货物运价。

3）等级货物运价优先于普通货物运价。

（2）国内航空货物运价类别

1）普通货物运价。

a. 基础运价（代号 N）。民航局统一规定各航段货物的基础运价，基础运价为 45 千克以下普通货物运价，金额以角为单位。

b. 重量分界点运价（代号 Q）。国内航空货物运输建立 45 千克以上、100 千克以上、300 千克以上三级重量分界点及运价。

2）等级货物运价（代号 S）。急件、生物制品、珍贵植物和植物制品、活体动物、骨灰、灵柩、鲜活易腐物品、贵重物品、枪械、弹药、押运货物等特种货物实行等级货物运价，按照基础运价的 150% 计收。

3）指定商品运价（代号 C）。对于一些批量大、季节性强、单位价值低的货物，航空公司可申请建立指定商品运价。

4）最低运价（代号 M）。每票国内航空货物最低运费为人民币 80 元。

5）集装货物运价。以集装箱、集装板作为一个运输单元运输货物可申请建立集装货物运价。

（3）国内航空货物运费计费规则

1）货物运费计费以“元”为单位，“元”以下四舍五入。

2）按重量计得的运费与最低运费相比取其高者。

3）按实际重量计得的运费与按较高重量分界点运价计得的运费比较取其低者。

4）分段相加组成运价时，不考虑实际运输路线，不同运价组成点组成的运价相比取其低者。

（4）国内航空邮件计费规则

国内航空普通邮件运费按照普通货物基础运价计收；特快专递邮件运费按照普通货物基础运价的 150% 计收。

若有声明价值附加费，则要另加进去。

### 5. 填制航空货运单

国内货运单为八联，由托运人填写，连同货物交给承运人，托运人应对货运单上所填货物的说明或者声明的正确性负责，由承运人和托运人双方签字才能生效，货运单应按编号顺序使用，不得越号，货运单必须填写清楚正确。

### 6. 粘贴、拴挂标签

分清和正确粘贴拴挂货物的识别标签、特种货物标签、操作标签（图 5-12）。

图 5-12　正确粘贴识别标签

小贴士

## 部分货物标签

1．识别标签

识别标签有两种：一种是粘贴用的软纸不干胶标签，如粘贴式货物国内运输标签（图 5-13）和粘贴式货物国际运输标签（图 5-14）；另一种是悬挂用的硬纸标签，如拴挂式货物运输标签（图 5-15）。这两种标签都标明货物的起讫地点、货运单号码、件数、重量。

图 5-13　粘贴式货物国内运输标签

图 5-14　粘贴式货物国际运输标签

图 5-15　拴挂式货物运输标签

2．特种货物标签

特种货物标签（图 5-16）是说明特种货物性质的各类识别性标签，其作用是提示操作人员按照货物的特性进行操作，预防事故的发生。

（a）鲜活易腐物品

（b）活体动物

图 5-16　特种货物标签

3. 操作标签

操作标签（图 5-17）是标明货物储运注意事项的各类标志。其作用是提示工作人员按标签的要求操作，以达到安全运输的目的。

（a）易碎物品

（b）请勿倒置

图 5-17 操作标签

### 7. 预定吨位

对于需要预定吨位的货物，应事先定妥；对于特种货物，运输中要特别照料。

## 三、货物的运送

货物的运送是组织货物运输的基本环节。按照货物运输原则，安全、迅速地将货物运达目的地是货物运送的根本要求，也是衡量货物运输质量的主要标志。

### 1. 急件货物

承运人应按与托运人约定的航班和日期运出。限定时间运输的物品，承运人应在与托运人约定的期限内，将货物运抵目的地。

### 2. 发运顺序

根据货物的性质，承运人按照下列顺序发运。

1）抢险、救灾、急救、外交信袋和政府指定急运的物品。

2）指定日期、航班和按急件收运的货物。

3）有时限、贵重和零星的小件物品。

4）中转联程货物。

5）一般货物按照收运的先后顺序发运。

### 3. 运输路线

1）承运人按照合理、快捷的原则选择货物运输路线。

2）因不可抗拒或不可预见的原因，承运人可终止货物的运输。

3）为了尽早将货物运达目的站，承运人可以采用其他运输方式运输货物。

## 四、货物交付

### 1. 到货通知

1）货物运至目的站后，除另有约定外，承运人及其代理人应及时向收货人发出到货通知。到货通知可采取电话或书面形式。

2）急件货物的到货通知应当在货物到达目的站后 2 小时内发出。普通货物的到货通知应当在货物到达目的站后 24 小时内发出。

### 2. 收货人的证件或证明

1）收货人凭到货通知单和本人居民身份证或其他有效身份证件提取货物。

2）收货人委托他人提取货物时，凭到货通知单和货运单上指定的收货人及被委托人的居民身份证或其他有效身份证件提取货物。

### 3. 货物的交付

1）收货人应在承运人指定的提货地点提取货物。活体动物、鲜活易腐物品及其他指定航班运输的物品，托运人应通知收货人到目的地机场等候提取。

2）收货人提取货物时，发现货物有丢失、短少、污染、变质、损坏或延误到达等情况，应当场向承运人提出异议，由承运人按规定填写货物运输事故记录，并由双方签字或盖章。

3）收货人提取货物并在航空货运单上签字而未提出异议时，则视为按运输合同规定货物已完好交付。

4）承运人按照适用的法律、政府法规或命令将货物移交国家主管机关或部门，应视为完成交付。发生此类情况，承运人应通知托运人或收货人。

# 第三节 国际货物运输

杨国庆工作的公司要往日本大阪紧急发送一批成衣。有过国内航空货运经验的他

联系了一家货运公司，想通过民航运输的形式，尽快将货物送到客户手里。那么，这次杨国庆需要办理哪些手续呢?

## 一、货物托运的一般规定

托运人托运货物进行国际运输，必须符合下列条件。

1）托运人托运货物应填写国际货物托运书，并提供与运输有关的资料和文件。

2）托运人应对所填托运书中各项内容和所提供的资料和文件的真实性和准确性负责。

3）托运人所托运的货物必须符合有关始发、中转和目的地国家的法律、法令、规定及承运人的一切规章。

4）托运人在托运货物前，必须自行办妥始发地海关、卫生检疫等各项手续。

5）托运人托运鲜活易腐物品、贵重物品、活体动物、危险物品、有时间限制要求及大批量货物时，应事先向承运人定妥航班、日期、吨位，并按约定的时间在机场办理托运手续。

## 二、货物的收运流程

### 1. 填写托运书

货物托运书由托运人自己填写，托运人在填写托运书时要字迹清楚、内容齐全，并对所填货物的各项说明和声明的正确性负责。托运书一般使用英文填写。运输条件或者货物性质不同而不能在一起运输的货物，应当分别填写托运书。托运书中所填写的内容不真实、不正确或不完整而使承运人或承运人对之负责的第三人遭受损失，托运人应承担赔偿责任。

### 2. 货物的检查

检查货物的所有条件应符合国家规定，包括国际航空运输协会的有关决议、决定。凡中国及有关国际政府和空运企业规定禁运和不承运的货物，不得收运。检查货物的包装情况和货物的尺寸是否符合所装载机型的要求。了解托运人所交货物是否系通航地点。检查货物的报关手续是否齐备。对货物进行称重和量尺寸，方便计算重量，判断舱内是否能放置。

### 3. 货物称重，测量尺寸

核对货物重量和尺寸是否符合舱门尺寸限制、机舱地板承受力限制和分货舱总重量限制，参阅本章第二节国内货物运输相关规定内容。

#### 4. 计算运费

货运价不包括货物的声明价值附加费；若有，则要另加进去。

（1）国际航空货物运价的一般使用顺序

1）协议航线的双边协议运价。

2）国际航空运输协会公布直达运价（多边协议运价）。

3）比例运价。

4）分段相加运价（最低组合）。

（2）货物运费

货物运费是货物在航空运输过程中产生的，向托运人或收货人收取运输一票货物所收取的费用。货物的运费应根据使用的运价乘以计费重量而得出。

（3）计费重量

计费重量是指计算货物运费的重量。通常可分为实际毛重、体积重量和计费重量。

1）实际毛重，包括货物包装在内的货物重量，称为货物的实际毛重。

2）体积重量，按照国际航空运输协会的规则，将货物的体积按一定的比例折合成的重量，称为体积重量。换算标准为每 6000 立方厘米折合 1 千克。

3）计费重量，一般采用货物的实际毛重与货物的体积重量两者相比。

（4）货物运费预付和到付

1）运费预付（charge prepaid），是指由托运人在始发站托运货物时，支付所有的运输费用。

2）运费到付（charge collect），是指由收货人在目的站提取货物前，支付所有的运输费用。

（5）运价

货物运价（freight rate）是指单位重量的货物自始发站机场至目的站机场之间的航空运输价格，不包括地面运输费用及其他费用。货物运价通常分为以下几种。

1）最低运价（minimum charges），是指不论货物的重量和体积多少，在两点之间运输一票货物应收取的最低费用金额。

2）普通货物运价（general cargo rates），是指运输除等级货物运价或指定商品运价以外的货物运价。

3）指定商品运价（specific commodity rates），是指适用于指定始发站至指定目的站之间公布的低于普通货物运价的某些特定品名的货物运价。

4）等级货物运价（class rates），是指适用于规定地区内特定货物的运价，是在普通货物运价基础上附加或者附减一定的百分比。

5）集装货物运价（containerized freight rate），是指将货物装入集装器内交运而不另加包装的特别运价。

若有声明价值附加费，则要另加进去。

### 5. 填制航空货运单

航空货运单应当由托运人填写，连同托运书和货物交给承运人。如果承运人受托运人委托，根据托运人提供的托运书填制，托运人必须签字，经托运人签字的货运单应视为托运人填写。托运人应当对货运单上填写的内容的正确性负责。货运单不得转让，不得随意删除或更改。

### 6. 粘贴、拴挂标签

分清和正确粘贴、拴挂货物的识别标签、特种货物标签、操作标签。

### 7. 预定吨位

对于需要预定吨位的货物，应事先定妥；对于特种货物，运输中要特别照料。托运人托运下列货物前应当预订舱位，否则承运人有权不予接收：

1）在运输中转过程中需要特殊对待的货物。

2）运输声明价值超过 10 万美元或其等值货币的货物。

3）形状不规则的货物。

4）特种货物。

5）批量较大的货物。

6）需要两家或两家以上承运人运输的联程货物。

## 三、货物的运送

按照运输原则，安全、迅速地将货物运达目的地，一般应根据货物的发运顺序，安排货物的运送。对有经停站的航班，要妥善安排经停站的吨位和舱位。货运专用停机坪上的待装货物如图 5-18 所示。

图 5-18 货运专用停机坪上的待装货物

### 1. 承运人及运输路线的选择

1）应优先选择同一承运人及与之有代理、联运协议的承运人。

2）尽量选择直达航班、距目的地近的航线运输。

3）按货运单上所指定的承运人及运输航线安排运输。

4）选择顺向方向的航线。

5）选择方便转运的航线。

6）不得选择与承运人无联运关系和避免经过有关国家法律、法规禁止货物过境的航线。

### 2. 货物的发运顺序

由于飞机载量限制和货物的性质，应当按下列顺序运输货物：

1）飞机停场急需的零配件。

2）抢险、救灾、急救、外交信袋和政府指定的急运货物。

3）指定日期、航班和按急件收运的货物、邮件。

4）有时限（定妥吨位）和零星小件物品（10 千克以下货物）。

5）报纸、书籍、杂志、电影胶片。

6）一般货物按照收运的先后顺序发运。

在上述相同级别的货物中，对运价较高者，应优先安排运输。

### 3. 货物到达通知

1）除另有规定外，承运人应当在货物到达后立即通知收货人。

2）承运人承认货物已经遗失，或者货物在应当到达之日起 7 天后仍未到达的，收货人有权向承运人行使航空运输合同所赋予的权利。

3）收货人未收到或者延迟收到承运人发出的到货通知，承运人不承担责任。

4）承运人自发出到货通知的次日起，免费代管货物 3 天。收货人逾期提取，承运人按规定向收货人核收保管费。

5）货物被检察机关扣留或者因违章等待处理需存放在承运人仓库内，由托运人或者收货人承担保管费和其他有关费用。

6）承运人发出到货通知以前，应当检查货运单上的累计费用栏，凡运费到付的货物应当在货物到达后，按规定计算费用，连同其他有关事项一并通知收货人。

7）承运人发出货物到货通知后，收货人拒绝或者没有提取货物时，承运人应当通知第一承运人，征求托运人对货主的处理意见。若托运人在 30 天内未提取货物处理意见时，承运人可以按无法交付货物处理。

### 4. 无法交付货物的处理

（1）无人提取货物的处理

货物到达目的地后，由于下列原因造成无人提取时，称为无人提取货物。无人提取货物包括以下几种情况：

1）货运单所列地址无此收货人或收货人地址不详。

2）收货人对提取货物通知不予答复。

3）收货人拒绝提货。

4）收货人拒绝应付有关款项。

5）出现了其他一些影响正常提货的问题。

（2）无法交付货物的处理

1）由于上述任一原因所造成的货物无法交付，除货运单上列明的处理办法外，目的地应采取下列措施：

➢ 填写无法交付货物通知单通知始发站。

➢ 特殊情况可以用电报通知始发站，但随后应填写无法交付货物通知单寄交始发站。

2）在收到托运人对货物的处理意见后，做如下业务处理：

➢ 改变收货人。

➢ 变更目的地。

➢ 将货物毁弃（与当地海关及航空公司联系，按当地有关法令、规定办理）。

➢ 将货物变卖（与当地海关及航空公司联系，按当地有关法令、规定办理）。

➢ 将货物运费由预付改为到付。

如果托运人有其他要求，可按具体情况处理，并将处理结果在货运单的“交付收据”联上进行详细记录。

3）在托运人未提出处理办法时，无法交付货物，按航空公司规定，填开“无人提取货物通知单（notice of non-delivery）”，做相应处理。

（3）到付运费的收取

1）目的站航空公司或货运代理公司填开费用单，向始发站航空公司结算所有费用。

2）始发站航空公司或其货运代理公司负责向托运人收取到付运费和目的站产生的其他所有费用。

# 第四节 特种货物运输

杨国庆工作的公司要往泰国曼谷发送总重10千克的肝素钠。因为肝素钠提取工艺复杂且具有广泛的药用价值，所以价格不菲，市价在每千克2.5万元人民币左右。有了国内和国际航空货运办理的经验，这次杨国庆还是想通过民航运输的形式，尽快将货物送到客户手里。那么，这次杨国庆需要办理哪些手续呢？

## 一、急件货物运输

### 1. 一般规定

急件货物是托运人要求以最早航班或在限定时间内将货物运达目的站，并经承运人同意受理方可作为急件货物运输。

### 2. 收运规定

1）急件货物运输应以直达航班为主。

2）需经中转方能运至目的站的急件货物，定妥全程航班、日期、吨位后方可承运。

3）急件货物应在航班起飞当日按双方约定时间在机场办理托运手续。

4）要求24小时之内装机运出的货物，必须经过安全检查后方可装机。

5）货运单储运注意事项栏内应注明“急件”字样。

6）货物外包装上应贴挂急件货物标签。

### 3. 运输规定

1）已定妥航班、吨位的货物，应按预定航班运出。

2）没有预定航班吨位的急件货物，经安全检查后可安排最早的航班运出，未经安全检查的，最迟应在收运后72小时内运达。

## 二、活体动物运输

### 1. 一般规定

活体动物包括家禽、哺乳动物、爬行动物、贝壳类动物等。

### 2. 收运规定

1）动物健康状况良好，无传染性疾病。

2）持有动物检疫证。

3）托运属于国家保护的动物，应提供国家有关部门出具的准运证明；托运属于市场管理范围的动物，应提供市场管理部门出具的证明。

4）应预先定妥航班、日期、吨位。

5）托运人必须向承运人提供动物喂食、饮水、清扫及操作时的指示说明。

6）托运人必须填写《活体动物及鲜活物品国内运输托运申明书》一式三份。

7）托运人应按与承运人约定的时间、地点办理托运手续，并负责通知收货人前往目的地机场等候提货。

8）活体动物运输不办理运费到付。

### 3. 运输规定

1）一般只在直达航班上运输动物。确需联程运输的活体动物，应定妥全程航班、日期、吨位，并经托运人同意后方可承运。运达目的站的日期尽量避开周末和节假日，以免延误交付造成动物死亡。

2）除专用集装箱外，不能将动物（不含冷血动物）装在集装箱中运输（图 5-19）。不能将动物与其他货物装在同一集装板上运输。装在集装板上运输的动物不能用塑料布苫盖，雨天需使用防雨器材苫盖时，苫布与动物包装之间须留有足够空间，以便空气流通，防止动物窒息。

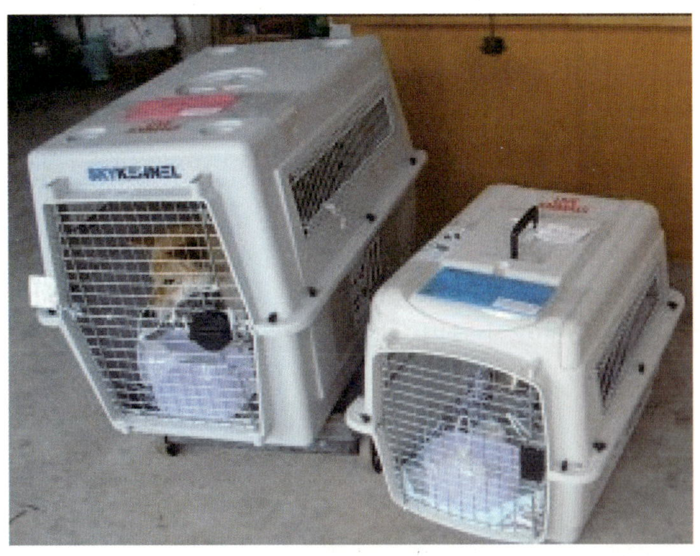


图 5-19　运输宠物狗的专用笼子

3）动物不能与食品、放射性物质、毒性物质、灵柩、干冰等放在一起。

4）互为天敌的动物、来自不同地区的动物、发情期的动物不能在一起存放，装机时应避免装在同一货舱。

5）有不良气味的小动物，仅限于少量供实验用的猴子、兔子、豚鼠及会发出叫声的初生家禽；小狗等只能装在飞机的下货舱。

6）应将活体动物装在适合其运输条件的货舱内。

7）不同活体动物还有不同运输要求。

## 三、骨灰、灵柩运输

### 1. 一般规定

（1）骨灰

托运人应凭医院出具的死亡证明和殡仪馆出具的火化证明办理骨灰托运手续。骨灰应当装在密封的塑料袋或其他密封的容器内外加木盒，最外层用布包裹。承运人应按与托运人约定的航班或以最早的航班将骨灰运达目的站。

（2）灵柩

运输灵柩必须持有关证明文件，托运人还须提供死亡证明、殡仪馆出具的入殓证明、防腐证明和卫生防疫部门出具的准运证明。非正常死亡的灵柩，除应有上述证明文件外，还须有县级以上公安部门出具的准运证明或法医证明。

### 2. 收运规定

1）灵柩内必须是非传染性疾病死亡的尸体；尸体经过防腐处理，并在防腐期内；尸体以木质棺材为内包装，外加铁皮箱，最外层加木制棺材，并确保气味及液体不致外漏。

2）托运人必须预先向承运人定妥航班、日期、吨位。

### 3. 运输规定

1）托运人应在航班离港前，按约定的时间将灵柩送到机场办理托运手续，并负责通知收货人到目的站机场等候提取。

2）灵柩必须在旅客登机前装机，在旅客下机后卸机。

3）灵柩不能与动物、鲜活易腐物品、食品装在同一集装器内。

4）散装时，灵柩不能与动物装在同一货舱内；分别装有灵柩和动物的集装器，装机时中间至少有一个集装器间隔。

5）灵柩的上面不能装木箱、铁箱及单件重量较大的货物，需要在灵柩上面装货时，灵柩表面与货物之间应使用塑料布或其他软材料间隔，以防损坏灵柩。

6）航班离港后，承运人应电报通知目的站及其他有关航站。

7）必要时，运送灵柩的飞机或设备，应请机务和医务人员消毒。

8）装机前或卸机后，灵柩应停放在僻静地点，如条件允许，应加盖苫布，与其他货物分开存放。

9）托运人负责通知收货人到目的站机场等候提取。

## 四、贵重物品运输

### 1. 范围

这里所说的贵重物品包括以下几类：

1）黄金（包括提炼或未提炼过的）、金锭、混合金、金币及各种形状的黄金，如金粒、片、粉、绵、线条、管、环和黄金铸造物。

2）白金（铂）；白金类稀贵金属（包括钯、铱、钌、锇、铑）、稀贵金属和各种形状的铂合金，如粒、绵、棒、锭、片、条、网、管、带等。

3）各类宝石、钻石、玉器、珍珠及其制品。

4）珍贵文物（包括书、画、古玩等）。

5）现钞、旅行支票、有价证券、股票及邮票。

6）金、银、铂制作的首饰。

7）金、铂（不包括镀金、镀铂）制品。

8）声明价值超过毛重每千克 2000 元人民币的物品。

### 2. 收运规定

1）应使用坚固、严密的包装箱包装，外面加“#”字样铁质包装带交叉加固。

2）包装箱接缝处必须有铅封或火漆封志（图 5-20），封志要完好，封志上要有托运人的特别印记。

图 5-20　贵重物品外包装上所使用的铅、漆封

3）包装箱的长、宽、高之和不得小于 40 厘米。

4）外包装上必须使用挂签，不得使用贴签或其他粘贴物。托运人应在外包装上清楚地写明收货人、托运人的姓名、地址、电话。货物外包装上不得有任何显示货物性质的标志。

5）包装箱内必须放衬垫物，以保证箱内物品不致移动和相互碰撞。

6）在货运单的货物品名栏内详细填写贵重物品的具体名称、净重或内装数量及包装件的尺寸。同时，在储运注意事项栏内注明“贵重物品”字样。

7）贵重物品与其他货物使用同一份货运单托运时，整票货物应按贵重物品处理。

### 3. 运输规定

1）贵重物品进出仓库应有严格的登记制度。

2）装机时，需同贵重物品一起与机长交接（图 5-21）。

3）贵重物品交接单一式五份：一份收货留存，一份交仓管，一份交机长，一份配载留存，一份交到达站。

4）贵重物品不得使用地面运输。

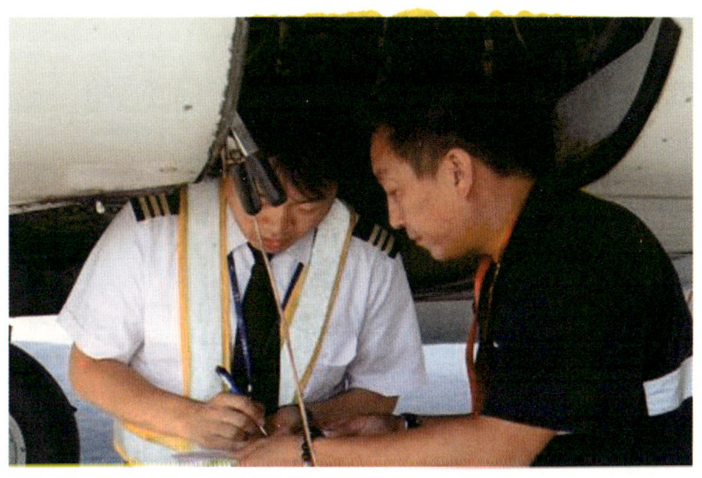

图 5-21　货运监装员与机长交接贵重物品

## 五、鲜活易腐物品运输

### 1. 一般规定

在一般运输条件下，因气候、温度、湿度、气压变化或运输时间等原因，容易引起变质、腐烂或死亡的物品（如肉类、水产类、水果、鲜花、蔬菜类、乳制品、植物、药品等）须按鲜活易腐物品运输。

### 2. 收运规定

1）托运人应当提供最长允许运输时限和储运注意事项。除另有约定外，鲜活易腐物品的运输时限不应少于24小时（从预定航班的预计起飞时间前2小时算起）。

2）托运人必须预先向承运人定妥航班、日期、吨位，按与承运人约定的时间、地点办理货物托运手续，并负责通知收货人到目的站机场等候提货。

3）政府规定需要进行检疫的鲜活易腐物品，托运人应当出具有关部门的检疫证明。

4）使用干冰作为冷冻剂的鲜活易腐物品，货运单货物品名栏内及货物外包装上应注明“干冰”字样，以及干冰的净重。

5）需特殊照料的鲜活易腐物品应由托运人提供必要的设施，必要时由托运人派人押运。

### 3. 运输规定

1）运输鲜活易腐物品必须按照国际航空运输协会的《易腐货物手册》中的有关规定操作。

2）尽可能在接近航班的起飞时间前装机。

3）鲜活易腐物品应装在机舱内通风和温度状况最佳的位置上。装载标准，参见国际航空运输协会的《易腐货物手册》。

4）为避免鲜活易腐物品和其他货物相互污染，储运过程中应注意以下几个方面：

- 种蛋不能与干冰相邻放置。
- 鲜花、蔬菜不能与水果相邻放置。
- 食品不能与毒性物质、感染性物质、灵柩或活体动物等相邻放置。
- 客机不能装载有不良气味的鲜活易腐物品。
- 鲜活易腐物品在运输过程中，承运人因采取必要的防护措施所发生的费用，由托运人或收货人支付。

鲜活易腐物品装机后，遇有不正常情况时，始发站应发报通知经停站和目的站。

## 六、押运货物运输

### 1. 概念

根据货物的性质，在运输过程中需由托运人派人押运，专门照料、监护的货物为押运货物。

### 2. 收运规定

1）托运人托运押运货物之前应向承运人定妥全程航班、日期、吨位。

2）托运人应在航班起飞当天按双方约定的时间在机场办理托运手续。

3）在货运单储运注意事项栏注明航班号、客票号码和“押运货物”字样。

4）承运人应按货运单上所注明的航班、日期安排押运货物发运。特殊情况下如需变更，必须经押运员同意。

5）各生产环节应随时保持与押运员的联系。

### 3. 运输规定

1）承运人应在押运员在场的情况下将押运货物出库、装机。押运员在飞机舱门关闭后方能离开。

2）飞机到达目的站后，应由押运员指导卸机并监护货物直至提取完毕。

3）押运货物如发生遗失或损坏时，除因承运人或其代理人过失造成之外，均由押运员负责。

## 七、外交信袋运输

### 1. 概念

外交信袋是指各国政府（包括联合国下属组织）与其驻外使领馆、办事处之间作为货物托运的，使用专用包装袋盛装的公务文件。

### 2. 收运规定

1）外交信袋应有完好的包装和明显的封志（图 5-22）。收运外交信袋时应仔细检查外包装和封志是否完好。

图 5-22　外交信袋上所使用的铅、漆封

2）外交信袋应使用挂签，外包装不得有其他粘贴物。

3）外交信袋应放在专用仓库内。进出仓库应有记录，各运输环节应按规定进行交接。

### 3. 运输规定

1）托运人应预先定妥航班、日期、吨位。承运人应按预定的航班、日期运出，如不能按时运出，应及时采取补救措施，并通知托运人。

2）外交信袋一般应安排在直达航班上运输，国际航班国内段不装运外交信袋。

3）外交信袋不能与航空邮件装在一起。

4）外交信袋应放在货舱内明显的位置，尽量远离放射性物品和磁性物品。

5）航班离港后，装机站应立即向目的站拍发装机电报。

## 八、飞机停场待用航材运输

### 1. 概念

按照国际惯例，飞机停场待用航材（aircraft on the ground，AOG）属于飞机停场待修所急需的零备件等紧急航材。AOG 系特急货物，要求在 24 小时内运到目的地。

### 2. 收运规定

1）AOG 航材不得与其他货物混放。

2）收到 AOG 航材后应及时认真核对，做到单、货相符，发现差错要及时向有关站追查。凡属本站的 AOG 航材，应及时通知收货人提取。

3）国外发来的 AOG 航材、商业发票一般都同货运单附在一起。商业发票是海关征税放行的凭证，必须妥善保管，不得遗失。凡因发票遗失，造成通关不及时而压库，不得向收货人收取仓库保管费，并应允许收货人从包装中取出发票报关；如由于收货人不及时提取而压库，则按规定核收仓库保管费。

### 3. 运输规定

AOG 航材价值昂贵，均系用外汇购置，应严格把好运输、装卸、交接、仓储环节，防止破损、丢失、短缺等事故发生。

## 本章小结

随着民航业的发展，航空货运对于经济发展的推动作用日益显现。本章首先介绍了民航货运的常识性知识，然后通过国内货物运输和国际货物运输的对比，来说明航空运输的整个流程，最后列举了常见的特种货物的收运和运输规定等。

## 本章练习题

### 简答题

1. 简述航空运单的含义。
2. 简述国内货运单各联的作用。
3. 简述国际货运单各联的作用。
4. 简述目前航空货运的运输方式及运输工具。
5. 简述飞机的装载限制规定。
6. 简述国内航空运输的货物收运流程。
7. 简述国内航空货物运价的一般使用顺序。
8. 简述国际航空运输的货物收运流程。
9. 选取 3 种特种货物，分别说明其收运规定和运输规定。

# 第六章 载重与平衡业务知识

## 课前导读

飞机作为空中交通运输工具，由于自身的结构强度、客货舱容积、运行条件及运行环境等，受到最大装载量的限制。飞机的重量和平衡是飞机运行过程中影响飞行安全的重要因素之一。飞机的超载或重心位置超出极限，都会引起飞行危险。

通过本章内容的学习，我们可以知道与飞机的载重有关的一些知识及飞机载重平衡的基本原理。

## 学习目标

**知识目标**

识记飞机的最大起飞重量、最大落地重量、最大无油重量的概念；能够描述飞机最大业载的计算方法；识记飞机俯仰平衡、横侧平衡和方向平衡的概念；识记配载工作应遵循的原则。

**技能目标**

会根据航班的实际情况计算飞机的最大业载。

# 第一节 飞机的载重

**案例导入**

旅客杨国庆、王德美夫妇乘坐东方航空航班返回上海。因不便随身携带行李，他们办理了行李随机免费托运。当天下午4时，该航班包括王德美在内的约10位乘客到达上海后，却被告知他们的行李还留在成都。王德美觉得托运的行李应该随乘客一起到达。心急如焚的王德美和其他乘客当即找到东方航空的工作人员，工作人员称是因为飞机需要“减载”，所以才把行李留在了成都。不过，一定会将行李运回上海，并免费送到各位乘客手中。那么，航空公司的说法是否正确？

重力是地球对物体的吸引力，飞机的各部件（机身、机翼、尾翼、发动机等）、燃油、货物、旅客等都要受到重力的作用。

重力一直有把飞机向地球拉的倾向。升力是唯一的抵消重力和维持飞机飞行的力。然而，机翼产生的升力大小受机翼设计、迎角、空速和空气密度限制。因此，为确保产生的升力足以抵消重力，必须避免飞机的载荷超出制造商的建议重量。如果飞机的重量比产生的升力大，飞机就不能安全飞行。

因此，为了保证飞行安全，必须对飞机的最大业载进行限制。飞机的最大业载是指飞机在某一具体航线上执行飞行任务时所能装载的旅客、行李、邮件、货物重量的总和，受到由飞机的设计制造者规定的飞机的最大起飞重量、最大落地重量、最大无油重量的限制。

## 一、飞机的最大起飞重量

### 1. 飞机的最大起飞重量的定义

飞机的最大起飞重量（maximum take-off weight，MTOW）是根据飞机结构强度和发动机的功率等因素规定的，飞机在起飞滑跑并达到抬前轮速度时全部重量的最大限额。

### 2. 限制飞机的最大起飞重量的原因

（1）发动机的功率

飞机发动机的功率须提供足够的动力，飞机才能产生足够的升力。因此，飞机所选用的发动机功率，直接限制了该型飞机的最大起飞重量。

（2）飞机的结构强度

由于升力和重力，使飞机各部分受力，并产生巨大的力矩，飞机的结构要坚固到足以承受这些力。因此，即使选用了大功率的发动机，飞机的结构强度也会限制飞机的最大起飞重量。

### 3. 影响飞机的最大起飞重量的因素

（1）大气温度、机场标高

机场标高高，空气稀薄，飞机发动机功率发挥受影响，这会直接影响飞机的升力。同样，机场气温高，空气密度下降，也会影响飞机的升力。通常在夏季高原机场有高温、低压的不利环境，飞机需要减载来配合飞行安全的要求。

（2）风向、风速

飞机逆风起飞比顺风起飞容易得多。在逆风起飞时，飞机容易产生足够大的升力，所需滑跑距离短。在顺风起飞时，情况正相反。

（3）机场净空条件

机场净空条件良好是指机场附近无高山、高楼，能保证飞机在单发停车情况下，不但能顺利起飞，而且能顺利绕场飞行，最终返场着陆。例如，机场净空条件不好，飞机就需要短时间内达到一定高度，限制了飞机的最大起飞重量。

（4）跑道质量、长度和坡高

机场跑道要求坚硬、光滑，有良好的排水能力，能够承受飞机起降时的巨大压力。

（5）襟翼放下位置

襟翼放下后能够增加翼面面积，从而提升升力。因此，襟翼放下角度与飞机的最大起飞重量成正比关系。

（6）单发越障碍能力

单发越障碍能力与发动机功率有关，也会限制飞机的最大起飞重量。

（7）起飞时轮胎的线速度和刹车热容量

飞机起飞重量大，则惯性大，刹车所需的摩擦力大，产生的热量也大，轮胎受热老化加快。因此，必须根据飞机刹车热容量的大小，限制飞机最大起飞重量。当飞机轮胎线速度增大时，轮胎负荷强度也增大，轮胎容易老化破裂。

**小贴士**

**我国海拔最高的机场——稻城亚丁机场**

四川省稻城亚丁机场（图 6-1）是我国也是世界上海拔最高的机场。该机场标高为 4409 米，接近目前民用飞机起降包线的最高数值 4419 米。

去过稻城亚丁的旅客有这样的感觉：呼吸困难，浑身乏力。飞机在稻城亚丁机场运行，同样面临缺氧问题，发动机推力剧减。在稻城亚丁机场运行，飞机起飞重量除了受跑道长度、轮胎速度、刹车能力等限制外，更多受一发失效的爬升和越障限制。飞机由于推力衰减，在稻城亚丁机场爬升能力已经较差了，可雪上加霜的是，中远距离处还有更高的山峰，导致按照标准仪表离场程序考虑障碍物，飞机可用起飞重量较小，这也出现非常矛盾的一面：高原机场一票难求，可上了飞机仍有不少空座位。

（资料来源：中国民用航空局，2013．高原、复杂机场地形、地貌展（第一期）[EB/OL].（2013-12-05）[2017-06-03]．http://www.caac.gov.cn/website/dev/fbs/XJSYY/201312/t20131205_59917.html.）

图 6-1　四川稻城亚丁机场

### 4．飞机的最大起飞重量的使用规定

1）飞机的最大起飞重量是在设计、生产飞机时由生产厂家确定的，是在一定条件下才能使用的限额值。

2）在任何情况下，飞机起飞时的重量都不得超过允许的起飞重量。

3）飞机在最大的起飞重量之外，可以多加一定量的燃油，用于飞机在跑道上滑跑时的耗用。多加的一定量燃油称为滑行油量，滑行油量必须在飞机起飞前全部用完。

**小贴士**

#### 乘客高空突然发病　飞机空中放油五十多吨

据国航北京飞往巴黎的CA933次航班应机长描述："飞机从北京首都机场起飞不到2小时，乘务长就紧急向我汇报，飞机上有一位乘客好像是患了急性阑尾炎。"机组立即通过广播寻求旅客中的医护人员帮助。两分钟后，一名中国中医和一名外籍医生分别通过按摩和喂药的方式救治病人，但收效甚微。此时，飞机已经飞到了国境线边缘。"如果我们坚持飞到巴黎再解救病人，还要飞行近9个小时才能着陆；如果在飞行过程中因病人坚持不住而紧急迫降，也不能保证着陆点就有医治条件。"在充分考虑医生的建议后，应机长和机组人员经过周密研究，果断做出了返航的决定。应机长说，考虑到降落地的医疗条件及飞机再次起飞的一系列事宜，班机决定返回北京基地。16时30分左右，飞机落地。发病的杨先生被

图 6-2 飞机空中放油

送往医院。

应机长说，这架空客 A340 型飞机紧急返航时飞机总重量达到 246 吨，而飞机安全降落的重量则在 192 吨，为了安全着陆，选择飞机在空中放油（图 6-2）。“放油有严格的地理区域限制。”应机长给记者画了一张图，飞机飞到张家口山区开始放油，“根据 A340 的排油量，每分钟只能排掉 1 吨油，放掉的 52 吨油，我们整整用了近 1 个小时。”按照目前航油的市场价格计算，此次返航，仅航油一项，国航就损失了 25 万多元。加上飞行成本，国航为挽救旅客生命付出了 50 多万元的代价。

（资料来源：民航资源网，2005．乘客高空突然发病 国航飞机空中放油五十吨 [EB/OL].（2005-09-03）[2012-05-12]．http://news.carnoc.com/list/56/56872.html.）

## 二、飞机的最大落地重量

### 1. 飞机的最大落地重量的定义

飞机的最大落地重量（maximum landing weight，MLW），又称为最大着陆重量，是指根据飞机的起落装置与机体结构所能承受的冲击载荷所规定的，是飞机着陆时全部重量的最大限额。

### 2. 限定飞机的最大落地重量的原因

飞机的最大落地重量，受飞机的机体结构强度和起落架所承受的冲击载荷，以及飞机的复飞爬高能力的限制。

### 3. 飞机的最大落地重量的使用规定

一般情况下，不允许飞机超过最大落地重量进行着陆。如有特殊情况［例如，起飞后不久飞机出现故障又来不及抛油减重量而不得不进行超重着陆时（图 6-3）］，应由机务部门对超重着陆飞机进行全面检查。确认没有问题时，才能继续使用。

图 6-3 飞机超重着陆

## 三、飞机的最大无油重量

### 1. 飞机的最大无油重量的定义

飞机的最大无油重量（maximum zero fuel weight，MZFW）是指飞机除燃油以外所允许的最大限额重量。

### 2. 限制飞机的最大无油重量的原因

规定飞机的最大无油重量，主要是考虑机翼的结构强度，保证飞机在无油时机翼不会损坏。

## 四、飞机的基本重量

飞机的基本重量（basic operating weight，BW）是指除去业务载重和燃油外，已完全做好飞行准备的飞机重量。它包括空机重量、附加设备重量、空勤组及随身携带物品重量、服务设备及供应品重量，其他应计算在基本重量之内的重量。

每架飞机的基本重量通常是固定的，但是不同飞机的基本重量是不同的。即使机型相同，基本重量也是有差别的。实际飞行时，有时机组人数、随机用具、服务设备和供应品、随机器材等项重量都可能发生变化，此时需要在基本重量的基础上进行相应的技术修正。例如，每增减一名机组人员，需要按 80 千克计算增减。在计算最大业务载重量时应采用修正后的基本重量。

## 五、飞机的起飞油量

飞机的起飞油量（take-off fuel，TOF）是指飞机执行航班任务时携带的全部燃油量，包括航段耗油量和备用油量两部分，但不包括地面开车和滑跑所用油量。以 B747-400 机型为例，最大装油量是 38 万磅（172 364 千克），一般在滑行阶段需要耗油 2000 磅（907 千克）左右。

航段耗油量是指飞机由起飞站到目的站航段所需要消耗的燃油量。航段耗油量 = 飞机平均小时耗油量 × 航段距离 / 平均地速。备用油量是指飞机由目的站到其备降机场并在备降机场上空还可以飞行 45 分钟所需耗用的油量。备用油量 = 平均小时耗油量 × 降落站至备降机场的距离 / 平均地速 + 平均小时耗油量 ×0.75 小时。

**小贴士**

**吉祥航空拒让门**

据中国民用航空华东地区管理局 2011 年 8 月 24 日在官网上发布的信息显示：8 月 13 日，因浦东机场天气原因，卡塔尔航空公司多哈—浦东 QR888 航班在等待降落过程中，该航班机组报告油量不足，申请备降虹桥机场。当班管制员获悉后立即启动优先落地程序，要求吉祥航空公司 HO1112 航班避让，但该航班机组未能立即执行指令。管制员随即重新调整航班降落顺序，指挥卡塔尔航空公司 QR888 航班安全着陆虹桥机场。

8 月 26 日，中国民用航空华东地区管理局介绍调查新进展，称两家民航班机相隔 4 分钟分别降落在不同的跑道。调查结果显示，卡塔尔航班当时还存有 5 吨油，够续航半小时，而吉祥航空班机油量还有 2 ~ 3 吨，足够续航 1 小时。当时卡塔尔航空公司飞行员呼叫“Mayday”请求紧急降落，但吉祥航空机长也自称油量不足，没有主动让路。两句不实之语，加上不避让的举动，险些酿成一个巨大的事故。不过，对于这两个谎言，公众有着不同的评价。“卡塔尔航空公司的谎报只能说是占小便宜，吉祥航空的行为却形同谋杀”，大部分业内人士如此认为。8 月 29 日，中国民航局公布关于此事件的调查结果：吉祥航机组在其他航空器宣布遇险情况下拒绝按管制指令进行避让是一起严重违章行为。

## 六、实际业务载重量

实际业务载重量（actual payload，简称业载）是指飞机实际装载的旅客、行李、邮件、货物重量的总和。其中，行李、邮件、货物三部分重量通常称为死重，按其实际重量计算。旅客部分则需折合成体重计算。一般规定，国内航班每位成人旅客按 72 千克计算，每位儿童旅客按 36 千克计算，每位婴儿旅客按 8 千克计算；国际航班每位成人旅客按 75 千克计算，每位儿童旅客按 40 千克计算，每位婴儿旅客按 10 千克计算。但目前各航空公司采用的折合标准不尽相同。如南方航空规定，计算国内航班旅客的体重时，每位成人旅客按 75 千克计算，每位儿童旅客按 38 千克计算，每位婴儿旅客按 8 千克计算。

飞机的实际业载可以等于或小于飞机的最大业载，理论上满载的经济效益最好，但不能超载。飞机的最大起飞重量、最大落地重量和最大无油重量从三个不同的方面对最大业载进行了限制，所以计算出的最大业载数值也不一样，应该取其中的最小数值作为本次飞行的最大业载。只有这样才能保证飞机在起飞、落地和无油状态下都不超过飞机的限制重量。计算最大业载的三个公式如下：

最大业载 = 最大起飞重量−修正后的基本重量−起飞油量

最大业载 = 最大落地重量−修正后的基本重量−备油

最大业载 = 最大无油重量−修正后的基本重量

**【例 6-1】** 某航班修正后的基本重量为 43 135 千克，最大起飞重量为 77 000 千克，最大落地重量为 64 500 千克，最大无油重量为 61 000 千克，起飞油量为 8500 千克，航程耗油为 4600 千克。请问：本次航班的最大业载为多少？

解：

最大业载（1）=77 000−43 135−8500=25 365（千克）

最大业载（2）=64 500−43 135−（8500−4600）=17 465（千克）

最大业载（3）=61 000−43 135=17 865（千克）

则本次航班最大业载取 17 465 千克。

**小贴士**

### 配载平衡——不容有失的生命之重（摘要）

据新闻媒体报道，因误把 87 名小学生归为成人计算重量，澳洲航空公司一架客机在起飞时几近失去平衡。该航班 5 月 9 日从堪培拉飞往珀斯，机上共有 150 名乘客，其中 87 人是小学生，被安排在飞机后面的座位上。工作人员把 87 名小学生错误地归类为成人。这就意味着，每个孩子的体重都被算成 87 千克，而不是 32 千克，约多算了 3.5 吨到 5 吨。直接导致这架 B737 客机在起飞时出现了机头过重的险情，幸亏机长操作得当才能够化险为夷。

只是算错了一些孩子的体重，为什么会造成严重的危害呢？这还要从航空器在飞行中的平衡特性说起。航空器在飞行过程中要受到各部分作用力的影响，作用于航空器各部位上的力导致其飞行姿态发生变化。简而言之，航空器在飞行过程中要保证 3 种平衡，上仰或下俯被称为俯仰平衡；向左侧或向右侧倾斜被称为横侧平衡；向左方或向右方转向被称为方向平衡。航空器一旦在飞行中平衡失控，可能会造成机毁人亡的重大事故，所以配载平衡是一项十分重要的运行安全工作。

一、充分认识配载的重要性

1997 年 8 月 7 日，芬兰航空公司一架 DC-8 货机在迈阿密机场起飞不久即失速坠毁，导致飞机坠毁的主要原因是载重平衡和飞机装载控制混乱；2004 年 10 月 14 日，英国 MK 航空公司一架 B747-200F 货机在加拿大哈利法克斯起飞时由于载重平衡问题导致坠毁；而让中国民航界记忆最为深刻的无疑是 2002 年发生的“5 • 7”空难。在这次空难中，除了犯罪嫌疑人座位上方的电缆总线被烧毁导致指挥系统失灵外，旅客的突然前拥躲避导致重心变化也是飞机失控坠海事故中不可忽视的原因。

配载是合理控制航空器的业载重量，通过客、货、邮、行的舱位装载调整航空器重心位置，从而使航空器重心处于安全范围之内。事关广大旅客的生命财产安全和民航业的公众形象，配载工作责任重大，平衡安全不容有失。

二、重点防控的两个部门

国际权威机构对 1970 ～ 2005 年全球航空事故库进行研究后指出，在 82 起安全事故中载重平衡是不容忽视的影响因素，在由载重平衡引发的事故中客运占 61%，货运占 39%。

1. 客运的信息与计重

本文开头所提到的澳洲航空公司航班，存在着企业内部信息不畅或外部信息沟通不力的问题。虽然我们无法得知更多的澳洲航空公司内部操作细节，但 87 名小学生的机票肯定是销售部门售出的团队票，如果是在我国的计算机系统中应当注明半价票，这样配载部门就能知道如何计算重量，而澳洲航空公司内部（或对外部地面代理）的信息传递显然出现了问题，所以才会出现如此严重的后果。

2. 货运的计重与装载

货运部门一度是非常令人头疼的问题，特别是某些区域货运销售代理人偷重（少报货物重量）的现象一度相当严重，对待偷重问题要秉持“零容忍”的态度，绝不允许偷重行为威胁航空安全。

同时，货物装载也是重要的关口，业内曾有货物装反了前后舱位导致机头过重，飞机在跑道上无法拉起的事件。

在民航业快速发展的今天，担负着旅客生命之重的配载部门更需加倍专注，不断践行“持续安全理念”，为更加安全的飞行平衡而努力。

（资料来源：民航资源网，2014. 配载平衡：不容有失的生命之重 [EB/OL].（2014-09-30）[2015-03-15]. http://news.carnoc.com/list/295/295601.html.）

## 七、操作重量

操作重量（operating weight）是指除了业载尚未装载外，飞机已完全做好飞行准备的重量。操作重量由修正后的基本重量和起飞油量组成。飞机的重量概念示意图如图 6-4 所示。

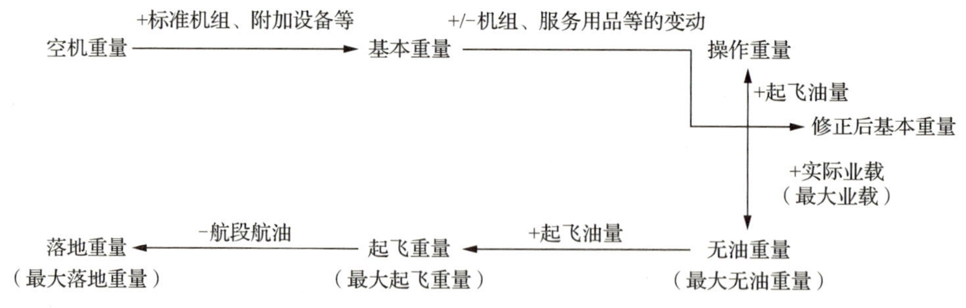


图 6-4 飞机的重量概念示意图

知识加油站

**两种不同机型的部分相关技术数据**

机型：B737-800

最大起飞重量（千克）：70 553

最大着陆重量（千克）：65 310

最大无油重量（千克）：61 690
最大业载（千克）：17 000
最大载油量（千克）：22 000
平均小时耗油量（千克）：2650

机型：A340-313
最大起飞重量（千克）：275 000
最大着陆重量（千克）：190 000
最大无油重量（千克）：178 000
最大业载（千克）：45 000
最大载油量（千克）：110 370
平均小时耗油量（千克）：6800

（资料来源：民航资料库，2007. 飞机型号 [EB/OL].（2007-11-15）[2011-09-03]. http://wiki.carnoc.com/topic.jsp?id=6892&job=viewhistory&title=B737-800.）

# 第二节　飞机的平衡

## 案例导入

杨国庆坐飞机很喜欢坐在靠窗的位置欣赏窗外的风景，但飞机靠窗的座位有限并不是每次都能如愿。按照登机牌上的信息，这次他坐在不靠窗的位置，而杨国庆登机时发现此时有空着的靠窗座位。他是否可以随意自行换位置呢？

在飞机执行飞行任务之前，配载人员必须负责飞机的载重与平衡的配算，即根据飞机重心的特点及有关技术数据合理、科学地安排飞机上的旅客、行李、货物、邮件的位置，使飞机的实际起飞重量的重心、无油重量的重心及着陆重量的重心处于许可的范围内，从而保证飞机安全抵达目的地。

## 一、飞机的重心

飞机的各个部位都具有重力，所有重力的合力为整个飞机的重力，飞机重力的着力点为飞机的重心。飞机的重心是一个假设的点，假定飞机的全部重量都集中在这个点上并支撑起飞机，飞机就可以保持平衡。飞机做任何转动都是围绕飞机的重心进行的。飞机重心的位置取决于载重量在飞机上的分布，除了在重心位置以外，飞机上任何部位的载重量发生变化，都会使飞机的重心位置发生移动，并且重心总是向载重增大的方向移动。

限制飞机重心位置的因素有飞机的安定性和飞机的操纵性。

## 二、飞机的平衡种类

平衡指的是一架飞机的重心位置，它对飞机的稳定性、可控性及飞行安全是极其重要的。

飞机的平衡直接受到各部分作用力的影响，如空气对飞机的作用力、飞机上装载的业载重量对飞机的作用力等。机体坐标轴示意图如图 6-5 所示。作用于飞机各部位的力，如果不是通过飞机的重心，就要对飞机的重心构成力矩，促使飞机发生转动。引起飞机上仰或下俯的力矩称为俯仰力矩；引起飞机向左侧或右侧倾斜的力矩称为滚转力矩；引起飞机向左方或右方转向的力矩称为偏转力矩。由于力矩有三种，因此飞机的平衡也有三种，即俯仰平衡、横侧平衡和方向平衡。

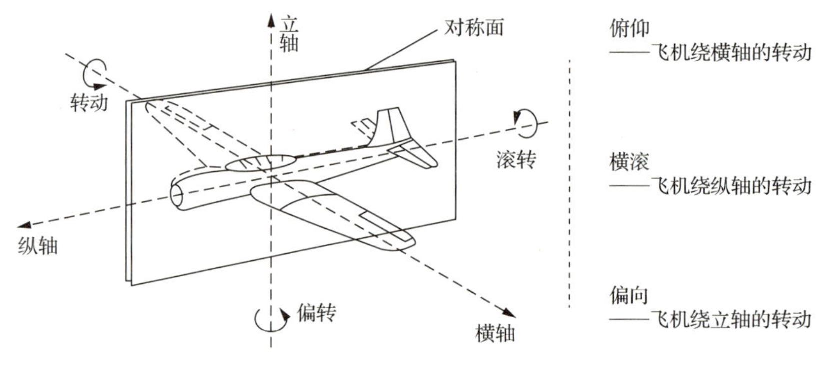


图 6-5　机体坐标轴示意图

### 1. 俯仰平衡

俯仰平衡是指作用于飞机上的上仰力矩和下俯力矩彼此相等，使飞机既不上仰，也不下俯。影响飞机俯仰平衡的因素主要有旅客的座位安排方式和货物的装载位置及滚动情况、机上人员的走动、燃料的消耗、不稳定气流、起落架或副翼的伸展和收缩等。因此，配载人员在安排旅客的座位时，除了按照舱位等级与旅客所持客票的票价等级相当来安排之外，在对重心影响较小的舱位尽量多安排旅客，并且在飞机起降时请旅客不要在客舱内走动，以免影响飞机的俯仰平衡和旅客的安全；在安排货物时，对重心影响程度小的货舱尽量多装货物，并且对于散装货物，要固定牢靠，防止货物在货舱内滚动，影响俯仰平衡及造成货物损坏。

当飞机由于外界干扰而失去俯仰平衡时，可以靠飞机自身的安定性能自动恢复平衡，也可通过操纵驾驶杆改变升降舵角度而使飞机恢复俯仰平衡。

### 2. 横侧平衡

横侧平衡是指作用于飞机机身两侧的滚动力矩彼此相等，使飞机既不向左滚转，也不向右滚转。

影响飞机横侧平衡的因素主要有燃油的加装和利用方式、货物装载情况和滚动情况，以及空气流的作用等。因此，加油和耗油时都要保持左右机翼等量。尤其对于宽体飞机，装载货物时要保证机身两侧的载重量相差不大，同时固定稳固，避免货物在飞机失去横侧平衡时向一侧滚动而加重不平衡的程度。

### 3. 方向平衡

方向平衡是指作用于飞机两侧的力形成的使飞机向左和向右偏转的力矩彼此相等，使飞机既不向左偏转，也不向右偏转。

影响飞机方向平衡的因素主要有发动机推力和横向风。例如，飞机在飞行时一台发动机熄火，则飞机必然向该发动机所在一侧偏向。又如，飞机在飞行时，遇到一股横向风，则飞机出现偏向。当由于某种情况使飞机失去方向平衡时，可以通过改变方向舵角度，使飞机向相反方向偏转，即可使飞机恢复方向平衡。

由于飞机有俯仰平衡、横侧平衡和方向平衡三种，因此当飞机同时处于这三种平衡状态时，才说明飞机处于平衡状态。

**知识加油站**

**《民用航空飞行标准管理条例（送审稿）》第 52 条第四款和第 114 条内容**

第 52 条　在公共航空运输飞行中，航空器乘员不得有下列行为：

（四）不听从航空器机组成员的指挥，擅自调换座位，影响航空器载重平衡或妨碍应急出口功能，或者在条件不适宜入座应急出口附近位置时，拒绝机组成员为其调换座位；在航空器起飞、着陆、滑行及飞行颠簸过程中，擅自离开座位或开启行李架。

第 114 条　航空器乘员违反本条例第 24 条和第 52 条的，由公安机关给予警告，处 500 元以上 1 万元以下罚款；构成违反治安管理行为的，由公安机关依法给予行政处罚；构成犯罪的，依法追究刑事责任。

（资料来源：民航资源网，2006. 民用航空飞行标准管理条例全文（送审稿）[EB/OL].（2006-10-16）[2016-10-21]. http://news.carnoc.com/list/76/76306.html.）

## 三、配载工作

配载是指航班始发站根据飞机从本站出发的最大允许业务载重量来配算运至各有关前方航站的旅客、行李、货物和邮件的重量并确定飞机的重心及配平值。配平工作可以通过制作载重平衡表（weight and balance chart）来完成。

### 1. 配载工作应遵循的原则

1）除了满足飞机的载重平衡和结构强度的限制以外，装载业载时要保证各到达站

（尤其对于多航段航班）装卸处理迅速方便。

2）对于多航段航班来说，到达不同航站的业载必须容易辨认，为此有时在中途站需要部分地重装业载，以保证飞机平衡和方便下一站的装卸。

3）装载业载的顺序应与业载到达站的顺序相反。所有站都应注意这一点，以保证在下一站卸载方便迅速。为了保证装载顺序，在空间允许时，中途站必须把本站装入的业载与到达相同目的站的过站业载堆放在一起，为此有时需要重新堆放过站业载。

4）装机时，行李应该最后装机以便到达目的站后最先卸下来，尽快交给旅客。因此当行李较多时，如到达下站的行李分装在两个货舱内可能更好，这样可以加快行李的卸机速度。

5）对于免费载运的业载，除去属于紧急或贵重物品外，应放在易取出的位置，以便必要时取出。

6）重要旅客的行李应放在易于取出的位置（如舱门附近）并做明显标记，以便到达目的站后首先卸机交给旅客。

### 2. 飞机重心位置不正常情况的处理

（1）超载时按下列顺序拉下适当的载重量

1）货物、邮件。需要拉下货物、邮件时，应及时通知货运部门，由货运部门选择拉下何种货物和邮件。

2）行李。在无货物、邮件可拉时，拉下的行李应由最早的航班运出。

3）旅客。在无货物、邮件、行李可拉时，可将旅客航班进行调整。

（2）重心位置不符合要求的处理

1）倒舱位。从重心偏出方向的货舱内卸下适量货物、邮件或行李，装入重心的另一方货舱内。

2）卸货。当货舱满载无法倒舱时，可从重心偏出方舱内卸下适量的货物、邮件或行李。

3）调换旅客的座位。

4）加压舱油或压舱物。

**知识加油站**

#### 载重表和平衡图

载重表和平衡图分为手工填制和计算机自动打印两种。有离港系统的机场，可采用离港系统自动生成并打印出来。

载重表是根据飞机载重的各种重量数据，计算出航班飞机最大允许载量和实际运载量的纪录，也是运输部门与空勤组之间办理业务交接手续的凭证。平衡图是根据载重表中计算出的各项重量数据及该重量在飞机客、货舱中的分布情况，确定该航班飞机的重心位置的图表。不同机型的平衡图是不同的，每种机型的平衡图是根据该机型的特点专门绘制的。

载重表和平衡图填制完毕后，由配载人员签字，经由机长签字认可后，一份交给机组，一份随航班带至前方站，一份由始发站留存。

（资料来源：万青，2015. 飞机载重平衡 [M]. 北京：中国民航出版社.）

小贴士

### 大件行李随身携带会影响飞行安全

有些旅客认为行李随身携带更方便，因此常常对航空公司托运超大行李的要求置之不理。为了说服这部分旅客托运行李，或者在客舱门口发现一些随身行李超大又临时办理托运手续，往往会浪费一些时间，严重时还会导致航班延误。其实，航空公司之所以对行李严格把关，更多的是出于对航空安全的考虑。超大的行李无法放进行李架，如果放在空座或过道上：一则难以固定；二则不利于乘务员提供服务；三则堵住了通道，遇有气流颠簸时，容易误伤旅客，万一遇有紧急情况，不利于旅客的疏散。若旅客的行李碰巧放置在紧急出口处，发生紧急撤离时，将导致紧急撤离门无法打开。若旅客勉强将行李放在行李架上，飞机发生紧急事故时，座位上方“物柜”会因承受不了重量而裂开，导致大件行李掉落，从而危及乘客的安全。

另外，飞机起飞之前，航空公司有专门部门根据旅客和货物的重量对飞机的载重进行配平，确定飞机重心。机长将根据配平表确定飞机重要操纵参数和紧急情况下的处置措施。若旅客的大件行李直接拿上飞机，载重平衡部门将无法知道旅客行李的重量，这样可能导致配平出现误差，当误差过大时，对飞机操纵将造成致命的威胁。

（资料来源：万青，2015. 飞机载重平衡 [M]. 北京：中国民航出版社.）

## 本章小结

飞机的载重平衡对飞机的飞行安全来说是非常重要的，稍有偏差都会出现机毁人亡的事故。民用航空器的载重平衡是影响飞行安全和运营人经济效益的非常重要的因素。长期以来，在世界范围内很多航空安全事件、事故征候及事故缘于航空器的载重平衡存在错误，我国也不例外。因此，航空器的载重平衡是航空器运营人的一项非常重要的工作。通过本章的学习，学生可以了解载重平衡对于飞机飞行安全的影响及有关载重平衡的一些主要专业术语。

## 本章练习题

### 一、名词解释

1. 最大起飞重量。
2. 最大落地重量。
3. 最大无油重量。

### 二、简答题

1. 简述影响飞机最大允许起飞重量的主要因素。
2. 请写出计算飞机最大业载的三个公式。
3. 简述配载工作一般应遵循的原则。

### 三、计算题

B-2593 号飞机（B737-500）执行 MF8541 福州至上海航班飞行任务，飞机修正后的基本重量是 32 147 千克，起飞油量是 5600 千克，其中耗油 2000 千克，飞机的最大起飞全重是 60 554 千克，最大落地全重是 49 895 千克，最大无油全重是 46 493 千克，求飞机的最大业载。

# 附　　录

## 附录一　中国民用航空旅客、行李国内运输规则

### 第一章　总　　则

第一条　为了加强对旅客、行李国内航空运输的管理，保护承运人和旅客的合法权益，维护正常的航空运输秩序，根据《中华人民共和国民用航空法》制定本规则。

第二条　本规则适用于以民用航空器运送旅客、行李而收取报酬的国内航空运输及经承运人同意而办理的免费国内航空运输。

本规则所称“国内航空运输”，是指根据旅客运输合同，其出发地、约定经停地和目的地均在中华人民共和国境内的航空运输。

第三条　本规则中下列用语，除具体条款中有其他要求或另有明确规定外，含义如下：

（一）“承运人”指包括填开客票的航空承运人和承运或约定承运该客票所列旅客及其行李的所有航空承运人。

（二）“销售代理人”指从事民用航空运输销售代理业的企业。

（三）“地面服务代理人”指从事民用航空运输地面服务代理业务的企业。

（四）“旅客”指经承运人同意在民用航空器上载运除机组成员以外的任何人。

（五）“团体旅客”指统一组织的人数在10人以上（含10人），航程、乘机日期和航班相同的旅客。

（六）“儿童”指年龄满两周岁但不满十二周岁的人。

（七）“婴儿”指年龄不满两周岁的人。

（八）“定座”指对旅客预定的座位、舱位等级或对行李的重量、体积的预留。

（九）“合同单位”指与承运人签订定座、购票合同的单位。

（十）“航班”指飞机按规定的航线、日期、时刻的定期飞行。

（十一）“旅客定座单”指旅客购票前必须填写的供承运人或其销售代理人据以办理定座和填开客票的业务单据。

（十二）“有效身份证件”指旅客购票和乘机时必须出示的由政府主管部门规定的证明其身份的证件。如：居民身份证、按规定可使用的有效护照、军官证、警官证、士兵证、文职干部或离退休干部证明，16周岁以下未成年人的学生证、户口簿等证件。

（十三）“客票”指由承运人或代表承运人所填开的被称为“客票及行李票”的凭证，包括运输合同条件、声明、通知以及乘机联和旅客联等内容。

（十四）“联程客票”指列明有两个（含）以上航班的客票。

（十五）“来回程客票”指从出发地至目的地并按原航程返回原出发地的客票。

（十六）“定期客票”指列明航班、乘机日期和定妥座位的客票。

（十七）“不定期客票”指未列明航班、乘机日期和未定妥座位的客票。

（十八）“乘机联”指客票中标明“适用于运输”的部分，表示该乘机联适用于指定的两个地点之间的运输。

（十九）“旅客联”指客票中标明“旅客联”的部分，始终由旅客持有。

（二十）“误机”指旅客未按规定时间办妥乘机手续或因旅行证件不符合规定而未能乘机。

（二十一）“漏乘”指旅客在航班始发站办理乘机手续后或在经停站过站时未搭乘上指定的航班。

（二十二）“错乘”指旅客乘坐了不是客票上列明的航班。

（二十三）“行李”指旅客在旅行中为了穿着、使用、舒适或方便的需要而携带的物品和其他个人财物。除另有规定者外，包括旅客的托运行李和自理行李。

（二十四）“托运行李”指旅客交由承运人负责照管和运输并填开行李票的行李。

（二十五）“自理行李”指经承运人同意由旅客自行负责照管的行李。

（二十六）“随身携带物品”指经承运人同意由旅客自行携带乘机的零星小件物品。

（二十七）“行李牌”指识别行李的标志和旅客领取托运行李的凭证。

（二十八）“离站时间”指航班旅客登机后，关机门的时间。

第四条　承运人的航班班期时刻应在实施前对外公布。承运人的航班班期时刻不得任意变更。但承运人为保证飞行安全、急救等特殊需要，可依照规定的程序进行调整。

## 第二章　定　　座

第五条　旅客在定妥座位后，凭该定妥座位的客票乘机。

承运人可规定航班开始和截止接受定座的时限，必要时可暂停接受某一航班的定座。

不定期客票应在向承运人定妥座位后才能使用。

合同单位应按合同的约定定座。

第六条　已经定妥的座位，旅客应在承运人规定或预先约定的时限内购买客票，承运人对所定座位在规定或预先约定的时限内应予以保留。

承运人应按旅客已经定妥的航班和舱位等级提供座位。

第七条　旅客持有定妥座位的联程或来回程客票，如在该联程或回程地点停留 72 小时以上，须在联程或回程航班离站前两天中午 12 点以前，办理座位再证实手续，否则原定座位不予保留。如旅客到达联程或回程地点的时间离航班离站时间不超过 72 小时，则不需办理座位再证实手续。

## 第三章　客　　票

第八条　客票为记名式，只限客票上所列姓名的旅客本人使用，不得转让和涂改，否则客票无效，票款不退。

客票应当至少包括下列内容：

（一）承运人名称；

（二）出票人名称、时间和地点；

（三）旅客姓名；

（四）航班始发地点、经停地点和目的地点；

（五）航班号、舱位等级、日期和离站时间；

（六）票价和付款方式；

（七）票号；

（八）运输说明事项。

第九条　旅客应在客票有效期内，完成客票上列明的全部航程。

旅客使用客票时，应交验有效客票，包括乘机航段的乘机联和全部未使用并保留在客票上的其他乘机联和旅客联，缺少上述任何一联，客票即为无效。

国际和国内联程客票，其国内联程段的乘机联可在国内联程航段使用，不需换开成国内客票；旅客在我国境外购买的用国际客票填开的国内航空运输客票，应换开成我国国内客票后才能使用。

承运人及其销售代理人不得在我国境外使用国内航空运输客票进行销售。

定期客票只适用于客票上列明的乘机日期和航班。

第十条　客票的有效期为：

（一）客票自旅行开始之日起，一年内运输有效。如果客票全部未使用，则从填开客票之日起，一年内运输有效。

（二）有效期的计算，从旅行开始或填开客票之日的次日零时起至有效期满之日的次日零时为止。

第十一条　承运人及其代理人售票时应该认真负责。

由于承运人的原因，造成旅客未能在客票有效期内旅行，其客票有效期将延长到承运人能够安排旅客乘机为止。

## 第四章　票　　价

第十二条　客票价指旅客由出发地机场至目的地机场的航空运输价格，不包括机场与市区之间的地面运输费用。

客票价为旅客开始乘机之日适用的票价。客票出售后，如票价调整，票款不作变动。

运价表中公布的票价，适用于直达航班运输。如旅客要求经停或转乘其他航班时，应按实际航段分段相加计算票价。

第十三条　旅客应按国家规定的货币和付款方式交付票款，除承运人与旅客另有协议外，票款一律现付。

## 第五章　购　　票

第十四条　旅客应在承运人或其销售代理人的售票处购票。

旅客购票凭本人有效身份证件或公安机关出具的其它身份证件，并填写《旅客定座单》。

购买儿童票、婴儿票，应提供儿童、婴儿出生年月的有效证明。

重病旅客购票，应持有医疗单位出具的适于乘机的证明，经承运人同意后方可购票。

每一旅客均应单独填开一本客票。

第十五条　革命残废军人凭《革命残废军人抚恤证》，按适用票价的 80% 购票。

儿童按适用成人票价的 50% 购买儿童票，提供座位。

婴儿按适用成人票价的 10% 购买婴儿票，不提供座位；如需要单独占用座位时，应购买儿童票。

每一成人旅客携带婴儿超过一名时，超过的人数应购儿童票。

第十六条　承运人或其销售代理人应根据旅客的要求，出售联程、来回程客票。

第十七条　售票场所应设置班期时刻表、航线图、航空运价表和旅客须知等必备资料。

## 第六章　客票变更

第十八条　旅客购票后，如要求改变航班、日期、舱位等级，承运人及其销售代理人应根据实际可能积极办理。

第十九条　航班取消、提前、延误、航程改变或不能提供原定座位时，承运人应优先安排旅客乘坐后续航班或签转其他承运人的航班。

因承运人的原因，旅客的舱位等级变更时，票款的差额多退少不补。

第二十条　旅客要求改变承运人，应征得原承运人或出票人的同意，并在新的承运人航班座位允许的条件下予以签转。

本规则第十九条第一款所列情况要求旅客变更承运人时，应征得旅客及被签转承运人的同意后，方可签转。

## 第七章　退　　票

第二十一条　由于承运人或旅客原因，旅客不能在客票有效期内完成部分或全部航程，可以在客票有效期内要求退票。

旅客要求退票，应凭客票或客票未使用部分的“乘机联”和“旅客联”办理。

退票只限在出票地、航班始发地、终止旅行地的承运人或其销售代理人售票处办理。

票款只能退给客票上列明的旅客本人或客票的付款人。

第二十二条　旅客自愿退票，除凭有效客票外，还应提供旅客本人的有效身份证件，分别按下列条款办理：

（一）旅客在航班规定离站时间 24 小时以内、两小时以前要求退票，收取客票价 10% 的退票费；在航班规定离站时间前两小时以内要求退票，收取客票价 20% 的退票费；在航班规定离站时间后要求退票，按误机处理。

（二）持联程、来回程客票的旅客要求退票，按本条第一款规定办理。

（三）革命残废军人要求退票，免收退票费。

（四）持婴儿客票的旅客要求退票，免收退票费。

（五）持不定期客票的旅客要求退票，应在客票的有效期内到原购票地点办理退票手续。

（六）旅客在航班的经停地自动终止旅行，该航班未使用航段的票款不退。

第二十三条　航班取消、提前、延误、航程改变或承运人不能提供原定座位时，旅客要求退票，始发站应退还全部票款，经停地应退还未使用航段的全部票款，均不收取退票费。

第二十四条　旅客因病要求退票，需提供医疗单位的证明，始发地应退还全部票款，经停地应退还未使用航段的全部票款，均不收取退票费。

患病旅客的陪伴人员要求退票，按本条第一款规定办理。

## 第八章　客票遗失

第二十五条　旅客遗失客票，应以书面形式向承运人或其销售代理人申请挂失。

在旅客申请挂失前，客票如已被冒用或冒退，承运人不承担责任。

第二十六条　定期客票遗失，旅客应在所乘航班规定离站时间一小时前向承运人提供证明后，承运人可以补发原定航班的新客票。补开的客票不能办理退票。

第二十七条　不定期客票遗失，旅客应及时向原购票的售票地点提供证明后申请挂失，该售票点应及时通告各有关承运人。经查证客票未被冒用、冒退，待客票有效期满后的 30 天内，办理退款手续。

## 第九章　团体旅客

第二十八条　团体旅客定妥座位后，应在规定或预先约定的时限内购票，否则，所定座位不予保留。

第二十九条　团体旅客购票后自愿退票，按下列规定收取退票费：

（一）团体旅客在航班规定离站时间 72 小时以前要求退票，收取客票价 10% 的退票费。

（二）团体旅客在航班规定离站时间 72 小时以内至规定离站时间前一天中午 12 点前要求退票，收取客票价 30% 的退票费。

（三）团体旅客在航班规定离站时间前一天中午 12 点以后至航班离站前要求退票，收取客票价 50% 的退票费。

（四）持联程、来回程客票的团体旅客要求退票，分别按本条第（一）、（二）、（三）项的规定办理。

（五）团体旅客误机，客票作废，票款不退。

第三十条　团体旅客中部分成员要求退票，按照本规则第二十九条的规定收取该部分成员的退票费。

第三十一条　团体旅客非自愿或团体旅客中部分成员因病要求变更或退票，分别按照本规则第十九条、第二十三条或第二十四条的规定办理。

## 第十章　乘　　机

第三十二条　旅客应当在承运人规定的时限内到达机场，凭客票及本人有效身份证件按时办理客票查验、托运行李、领取登机牌等乘机手续。

承运人规定的停止办理乘机手续的时间，应以适当方式告知旅客。

承运人应按时开放值机柜台，按规定接受旅客出具的客票，快速、准确地办理值机手续。

第三十三条　乘机前，旅客及其行李必须经过安全检查。

第三十四条　无成人陪伴儿童、病残旅客、孕妇、盲人、聋人或犯人等特殊旅客，只有在符合承运人规定的条件下经承运人预先同意并在必要时做出安排后方予载运。

传染病患者、精神病患者或健康情况可能危及自身或影响其他旅客安全的旅客，承运人不予承运。

根据国家有关规定不能乘机的旅客，承运人有权拒绝其乘机，已购客票按自愿退票处理。

第三十五条　旅客误机按下列规定处理：

（一）旅客如发生误机，应到乘机机场或原购票地点办理改乘航班、退票手续。

（二）旅客误机后，如要求改乘后续航班，在后续航班有空余座位的情况下，承运人应积极予以安排，不收误机费。

（三）旅客误机后，如要求退票，承运人可以收取适当的误机费。

旅客漏乘按下列规定处理：

（一）由于旅客原因发生漏乘，旅客要求退票，按本条第一款的有关规定办理。

（二）由于承运人原因旅客漏乘，承运人应尽早安排旅客乘坐后续航班成行。如旅客要求退票，按本规则第二十三条规定办理。

旅客错乘按下列规定处理：

（一）旅客错乘飞机，承运人应安排错乘旅客搭乘最早的航班飞往旅客客票上的目的地，票款不补不退。

（二）由于承运人原因旅客错乘，承运人应尽早安排旅客乘坐后续航班成行。如旅客要求退票，按本规则第二十三条规定办理。

## 第十一章　行李运输

第三十六条　承运人承运的行李，只限于符合本规则第三条第二十三项定义范围内的物品。

承运人承运的行李，按照运输责任分为托运行李、自理行李和随身携带物品。

重要文件和资料、外交信袋、证券、货币、汇票、贵重物品、易碎易腐物品，以及其他需要专人照管的物品，不得夹入行李内托运。承运人对托运行李内夹带上述物品的遗失或损坏按一般托运行李承担赔偿责任。

国家规定的禁运物品、限制运输物品、危险物品，以及具有异味或容易污损飞机的其他物品，不能作为行李或夹入行李内托运。承运人在收运行李前或在运输过程中，发现行李中装有不得作为行李或夹入行李内运输的任何物品，可以拒绝收运或随时终止运输。

旅客不得携带管制刀具乘机。管制刀具以外的利器或钝器应随托运行李托运，不能随身携带。

第三十七条　托运行李必须包装完善、锁扣完好、捆扎牢固，能承受一定的压力，能够在正常的操作条件下安全装卸和运输，并应符合下列条件，否则，承运人可以拒绝收运：

（一）旅行箱、旅行袋和手提包等必须加锁；

（二）两件以上的包件，不能捆为一件；

（三）行李上不能附插其他物品；

（四）竹篮、网兜、草绳、草袋等不能作为行李的外包装物；

（五）行李上应写明旅客的姓名、详细地址、电话号码。

托运行李的重量每件不能超过 50 公斤，体积不能超过 40 × 60 × 100 厘米，超过上述规定的行李，须事先征得承运人的同意才能托运。

自理行李的重量不能超过 10 公斤，体积每件不超过 20 × 40 × 55 厘米。

随身携带物品的重量，每位旅客以 5 公斤为限。持头等舱客票的旅客，每人可随身携带两件物品；持公务舱或经济舱客票的旅客，每人只能随身携带一件物品。每件随身携带物品的体积均不得超过 20 × 40 × 55 厘米。超过上述重量、件数或体积限制的随身携带物品，应作为托运行李托运。

第三十八条　每位旅客的免费行李额（包括托运和自理行李）：持成人或儿童票的头等舱旅客为 40 公斤，公务舱旅客为 30 公斤，经济舱旅客为 20 公斤。持婴儿票的旅客，无免费行李额。

搭乘同一航班前往同一目的地的两个以上的同行旅客，如在同一时间、同一地点办理行李托运手续，其免费行李额可以按照各自的客票价等级标准合并计算。

构成国际运输的国内航段，每位旅客的免费行李额按适用的国际航线免费行李额计算。

第三十九条　旅客必须凭有效客票托运行李。承运人应在客票及行李票上注明托运行李的件数和重量。

承运人一般应在航班离站当日办理乘机手续时收运行李；如团体旅客的行李过多，或因其他原因需要提前托运时，可与旅客约定时间、地点收运。

承运人对旅客托运的每件行李应拴挂行李牌，并将其中的识别联交给旅客。经承运人同意的自理行李应与托运行李合并计重后，交由旅客带入客舱自行照管，并在行李上拴挂自理行李牌。

不属于行李的物品应按货物托运，不能作为行李托运。

第四十条　旅客的逾重行李在其所乘飞机载量允许的情况下，应与旅客同机运送。旅客应对逾重行李付逾重行李费，逾重行李费率以每公斤按经济舱票价的 1.5% 计算，金额以元为单位。

第四十一条　承运人为了运输安全，可以会同旅客对其行李进行检查；必要时，可会同有关部门进行检查。如果旅客拒绝接受检查，承运人对该行李有权拒绝运输。

第四十二条　旅客的托运行李，应与旅客同机运送，特殊情况下不能同机运送时，承运人应向旅客说明，并优先安排在后续的航班上运送。

第四十三条　旅客的托运行李，每公斤价值超过人民币 50 元时，可办理行李的声明价值。

承运人应按旅客声明的价值中超过本条第一款规定限额部分的价值的 5‰ 收取声明价值附加费。金额以元为单位。

托运行李的声明价值不能超过行李本身的实际价值。每一旅客的行李声明价值最高限额为人民币 8000 元。如承运人对声明价值有异议而旅客又拒绝接受检查时，承运人有权拒绝收运。

第四十四条　小动物是指家庭饲养的猫、狗或其它小动物。小动物运输，应按下列规定办理：

旅客必须在定座或购票时提出，并提供动物检疫证明，经承运人同意后方可托运。

旅客应在乘机的当日，按承运人指定的时间，将小动物自行运到机场办理托运手续。

装运小动物的容器应符合下列要求：

（一）能防止小动物破坏、逃逸和伸出容器以外损伤旅客、行李或货物。

（二）保证空气流通，不致使小动物窒息。

（三）能防止粪便渗溢，以免污染飞机、机上设备及其他物品。

旅客携带的小动物，除经承运人特许外，一律不能放在客舱内运输。

小动物及其容器的重量应按逾重行李费的标准单独收费。

第四十五条　外交信袋应当由外交信使随身携带，自行照管。根据外交信使的要求，承运人也可以按照托运行李办理，但承运人只承担一般托运行李的责任。

外交信使携带的外交信袋和行李，可以合并计重或计件，超过免费行李额部分，按照逾重行李的规定办理。

外交信袋运输需要占用座位时，必须在定座时提出，并经承运人同意。

外交信袋占用每一座位的重量限额不得超过 75 公斤，每件体积和重量的限制与行李相同。占用座位的外交信袋没有免费行李额，运费按下列两种办法计算，取其高者：

（一）根据占用座位的外交信袋实际重量，按照逾重行李费率计算运费；

（二）根据占用座位的外交信袋占用的座位数，按照运输起讫地点之间，与该外交信使所持客票票价级别相同的票价计算运费。

第四十六条　旅客的托运行李、自理行李和随身携带物品中，凡夹带国家规定的禁运物品、限制携带物品或危险物品等，其整件行李称为违章行李。对违章行李的处理规定如下：

（一）在始发地发现违章行李，应拒绝收运；如已承运，应取消运输，或将违章夹带物品取出后运输，已收逾重行李费不退。

（二）在经停地发现违章行李，应立即停运，已收逾重行李费不退。

（三）对违章行李中夹带的国家规定的禁运物品、限制携带物品或危险物品，交有关部门处理。

第四十七条　由于承运人的原因，需要安排旅客改乘其他航班，行李运输应随旅客作相应的变更，已收逾重行李费多退少不补；已交付的声明价值附加费不退。

行李的退运按如下规定办理：

（一）旅客在始发地要求退运行李，必须在行李装机前提出。如旅客退票，已托运的行李也必须同时退运。以上退运，均应退还已收逾重行李费。

（二）旅客在经停地退运行李，该航班未使用航段的已收逾重行李费不退。

（三）办理声明价值的行李退运时，在始发地退还已交付的声明价值附加费，在经停地不退已交付的声明价值附加费。

第四十八条　旅客应在航班到达后立即在机场凭行李牌的识别联领取行李。必要时，应交验客票。

承运人凭行李牌的识别联交付行李，对于领取行李的人是否确系旅客本人，以及由此造成的损失及费用，不承担责任。

旅客行李延误到达后，承运人应立即通知旅客领取，也可直接送达旅客。

旅客在领取行李时，如果没有提出异议，即为托运行李已经完好交付。

旅客遗失行李牌的识别联，应立即向承运人挂失。旅客如要求领取行李，应向承运人提供足够的证明，并在领取行李时出具收据。如在声明挂失前行李已被冒领，承运人不承担责任。

第四十九条　无法交付的行李，自行李到达的次日起，超过 90 天仍无人领取，承运人可按照无法交付行李的有关规定处理。

第五十条　行李运输发生延误、丢失或损坏，该航班经停地或目的地的承运人或其代理人应会同旅客填写《行李运输事故记录》，尽快查明情况和原因，并将调查结果答复旅客和有关单位。如发生行李赔偿，在经停地或目的地办理。

因承运人原因使旅客的托运行李未能与旅客同机到达，造成旅客旅途生活的不便，在经停地或目的地应给予旅客适当的临时生活用品补偿费。

第五十一条　旅客的托运行李全部或部分损坏、丢失，赔偿金额每公斤不超过人民币 50 元。如行李的价值每公斤低于 50 元时，按实际价值赔偿。已收逾重行李费退还。

旅客丢失行李的重量按实际托运行李的重量计算，无法确定重量时，每一旅客的丢失行李最多只能按该旅客享受的免费行李额赔偿。

旅客的丢失行李如已办理行李声明价值，应按声明的价值赔偿，声明价值附加费不退。行李的声明价值高于实际价值时，应按实际价值赔偿。

行李损坏时，按照行李降低的价值赔偿或负担修理费用。

由于发生在上、下航空器期间或航空器上的事件造成旅客的自理行李和随身携带物品灭失，承运人承担的最高赔偿金额每位旅客不超过人民币 2000 元。

构成国际运输的国内航段，行李赔偿按适用的国际运输行李赔偿规定办理。

已赔偿的旅客丢失行李找到后，承运人应迅速通知旅客领取，旅客应将自己的行李领回，退回全部赔款。临时生活用品补偿费不退。发现旅客有明显的欺诈行为，承运人有权追回全部赔款。

第五十二条　旅客的托运行李丢失或损坏，应按法定时限向承运人或其代理人提出赔偿要求，并随附客票（或影印件）、行李牌的识别联、《行李运输事故记录》、证明行李内容和价格的凭证以及其他有关的证明。

## 第十二章　旅客服务

### 第一节　一般服务

第五十三条　承运人应当以保证飞行安全和航班正常，提供良好服务为准则，以文明礼貌、热情周到的服务态度，认真做好空中和地面的旅客运输的各项服务工作。

第五十四条　从事航空运输旅客服务的人员应当经过相应的培训，取得上岗合格证书。

未取得上岗合格证书的人员不得从事航空运输旅客服务工作。

第五十五条　在航空运输过程中，旅客发生疾病时，承运人应积极采取措施，尽力救护。

第五十六条　空中飞行过程中，承运人应根据飞行时间向旅客提供饮料或餐食。

### 第二节　不正常航班的服务

第五十七条　由于机务维护、航班调配、商务、机组等原因，造成航班在始发地延误或取消，承运人应当向旅客提供餐食或住宿等服务。

第五十八条　由于天气、突发事件、空中交通管制、安检以及旅客等非承运人原因，造成航班在始发地延误或取消，承运人应协助旅客安排餐食和住宿，费用可由旅客自理。

第五十九条　航班在经停地延误或取消，无论何种原因，承运人均应负责向经停旅客提供膳宿服务。

第六十条　航班延误或取消时，承运人应迅速及时将航班延误或取消等信息通知旅客，做好解释工作。

第六十一条　承运人和其他各保障部门应相互配合，各司其职，认真负责，共同保障航班正常，避免不必要的航班延误。

第六十二条　航班延误或取消时，承运人应根据旅客的要求，按本规则第十九条、第二十三条的规定认真做好后续航班安排或退票工作。

### 第十三章　附　　则

第六十三条　本规则自 1996 年 3 月 1 日起施行。中国民用航空局 1985 年 1 月 1 日制定施行的《旅客、行李国内运输规则》同时废止。

## 附录二　国内主要航空公司代码

| 航空公司标识 | 航空公司名称 | 国际航空运输协会两字代码 |
| --- | --- | --- |
| AIR MACAU 澳門航空 | 澳门航空股份有限公司 | NX |
| 成都航空 CHENGDU AIRLINES | 成都航空有限公司 | EU |
| 重庆航空 CHONGQING AIRLINES | 重庆航空有限责任公司 | OQ |
| CH.com 春秋 | 春秋航空股份有限公司 | 9C |
| CATHAY DRAGON 國泰港龍航空 | 国泰港龙航空有限公司 | KA |
| CATHAY PACIFIC 國泰航空公司 | 国泰航空有限公司 | CX |
| 海南航空 HAINAN AIRLINES | 海南航空股份有限公司 | HU |
| 河北航空 HEBEI AIRLINES | 河北航空有限公司 | NS |
| 华夏航空 CHINA EXPRESS | 华夏航空股份有限公司 | G5 |
| JUNEYAO AIR 吉祥航空 | 上海吉祥航空有限公司 | HO |

续表

| 航空公司标识 | 航空公司名称 | 国际航空运输协会两字代码 |
|---|---|---|
| 昆明航空 Kunming Airlines | 昆明航空有限公司 | KY |
| 山东航空公司 SHANDONG AIRLINES | 山东航空股份有限公司 | SC |
| 上海航空公司 SHANGHAI AIRLINES | 上海航空股份有限公司 | FM |
| 深圳航空 Shenzhen Airlines | 深圳航空有限责任公司 | ZH |
| 四川航空 SICHUAN AIRLINES | 四川航空股份有限公司 | 3U |
| EVA AIR | 长荣航空股份有限公司 | BR |
| UNI AIR 立榮航空 | 立荣航空股份有限公司 | B7 |
| 天津航空 Tianjin Airlines | 天津航空有限责任公司 | GS |
| TIBET AIRLINES 西藏航空 | 西藏航空有限公司 | TV |
| 厦门航空 XIAMENAIR | 厦门航空有限公司 | MF |
| HONGKONG AIRLINES 香港航空 | 香港航空有限公司 | HX |
| 祥鹏 Lucky Air 祥鹏航空 | 云南祥鹏航空有限责任公司 | 8L |
| 幸福航空 Joyair | 幸福航空有限责任公司 | JR |
| Suparna Airlines 金鹏航空 | 金鹏航空股份有限公司 | Y8 |
| 中國東方航空 CHINA EASTERN | 中国东方航空股份有限公司 | MU |

续表

| 航空公司标识 | 航空公司名称 | 国际航空运输协会两字代码 |
| --- | --- | --- |
| AIR CHINA 中国国际航空公司 | 中国国际航空股份有限公司 | CA |
| 中国联航 CHINA UNITED AIRLINES CUA | 中国联合航空有限公司 | KN |
| 中国南方航空 CHINA SOUTHERN | 中国南方航空股份有限公司 | CZ |
| 中華航空 CHINA AIRLINES | 中华航空股份有限公司 | CI |
| 阿提哈德航空 ETIHAD AIRWAYS 阿联酋国家航空 | 阿联酋阿提哈德航空公司 | EY |
| Emirates | 阿联酋航空公司 | EK |
| QANTAS | 澳洲航空公司 | QF |
| SAS | 北欧航空公司 | SK |
| KOREAN AIR | 韩国大韩航空公司 | KE |
| Lufthansa | 德国汉莎航空股份公司 | LH |
| AEROFLOT Russian Airlines | 俄罗斯航空公司 | SU |
| AIRFRANCE | 法国航空公司 | AF |
| Philippine Airlines | 菲律宾国家航空公司 | PR |
| FINNAIR | 芬兰航空公司 | AY |
| t'way | 韩国德威航空公司 | TW |
| EASTAR JET | 韩国易斯达航空公司 | ZE |

续表

| 航空公司标识 | 航空公司名称 | 国际航空运输协会两字代码 |
| --- | --- | --- |
| JINAIR | 韩国真航空公司 | LJ |
| ASIANA AIRLINES | 韩亚航空公司 | OZ |
| KLM Royal Dutch Airlines | 荷兰皇家航空公司 | KL |
| AIR CANADA | 加拿大航空公司 | AC |
| Cambodia Angkor AIR National flag carrier of Cambodia | 柬埔寨吴哥航空公司 | K6 |
| QATAR AIRWAYS القطرية | 卡塔尔航空公司 | QR |
| malaysia AIRLINES | 马来西亚航空公司 | MH |
| air mauritius | 毛里求斯航空 | MK |
| American Airlines | 美国航空公司 | AA |
| DELTA | 美国达美航空公司 | DL |
| UNITED | 美国联合航空公司 | UA |
| AEROMEXICO. | 墨西哥航空公司 | AM |
| ANA Inspiration of JAPAN | 全日空航空公司 | NH |
| JAPAN AIRLINES | 日本航空公司 | JL |
| SWISS | 瑞士国际航空公司 | LX |
| SriLankan Airlines | 斯里兰卡航空公司 | UL |
| cebu pacific | 宿务太平洋航空公司 | 5J |
| THAI | 泰国航空公司 | TG |

续表

| 航空公司标识 | 航空公司名称 | 国际航空运输协会两字代码 |
| --- | --- | --- |
| TURKISH AIRLINES | 土耳其航空公司 | TK |
| virgin atlantic | 维珍航空公司 | VS |
| ROYAL BRUNEI AIRLINES | 文莱皇家航空公司 | BI |
| SINGAPORE AIRLINES | 新加坡航空公司 | SQ |
| AIR NEW ZEALAND | 新西兰航空公司 | NZ |
| AirAsia | 亚洲航空公司 | D7 |
| هواپیمائی ماهان Mahan Air | 伊朗马汉航空公司 | W5 |
| एअर इंडिया AIR INDIA | 印度航空公司 | AI |
| Garuda Indonesia The Airline of Indonesia | 印度尼西亚鹰航空公司 | GA |
| BRITISH AIRWAYS | 英国航空公司 | BA |

## 附录三　国内主要城市 / 机场代码

| 地名 | 三字代码 | 机场简称 | 地名 | 三字代码 | 机场简称 |
| --- | --- | --- | --- | --- | --- |
| 丽江 | LJG | 三义机场 | 青岛 | TAO | 流亭机场 |
| 包头 | BAV | 二里半机场 | 呼和浩特 | HET | 白塔机场 |
| 北海 | BHY | 福城机场 | 无锡 | WUX | 硕放机场 |
| 北京 | PEK | 首都国际机场 | 上海 | SHA/PVG | 虹桥 / 浦东机场 |
| 长春 | CGQ | 龙嘉机场 | 三亚 | SYX | 凤凰机场 |

续表

| 地名 | 三字代码 | 机场简称 | 地名 | 三字代码 | 机场简称 |
|---|---|---|---|---|---|
| 长沙 | CSX | 黄花机场 | 揭阳 | SWA | 潮汕机场 |
| 成都 | CTU | 双流机场 | 西宁 | XNN | 曹家堡机场 |
| 重庆 | CKG | 江北机场 | 沈阳 | SHE | 桃仙机场 |
| 大连 | DLC | 周水子机场 | 深圳 | SZX | 宝安机场 |
| 南宁 | NNG | 吴圩机场 | 石家庄 | SJW | 正定机场 |
| 福州 | FOC | 长乐机场 | 太原 | TYN | 武宿机场 |
| 广州 | CAN | 白云机场 | 天津 | TSN | 滨海机场 |
| 桂林 | KWL | 两江机场 | 乌鲁木齐 | URC | 地窝堡机场 |
| 贵阳 | KWE | 龙洞堡机场 | 温州 | WNZ | 龙湾机场 |
| 海口 | HAK | 美兰机场 | 武汉 | WUH | 天河机场 |
| 杭州 | HGH | 萧山机场 | 武夷山 | WUS | 武夷山机场 |
| 哈尔滨 | HRB | 太平机场 | 西安 | XIY | 咸阳机场 |
| 合肥 | HFE | 新桥机场 | 厦门 | XMN | 高崎机场 |
| 黄山 | TXN | 屯溪机场 | 徐州 | XUZ | 观音机场 |
| 西双版纳 | JHG | 嘎洒机场 | 延吉 | YNJ | 朝阳川机场 |
| 泉州 | JJN | 晋江机场 | 烟台 | YNT | 蓬莱机场 |
| 香港 | HKG | 香港机场 | 宜昌 | YIH | 三峡机场 |
| 昆明 | KMG | 长水机场 | 银川 | INC | 河东机场 |
| 兰州 | LHW | 中川机场 | 义乌 | YIW | 义乌机场 |
| 连云港 | LYG | 白塔埠机场 | 张家界 | DYG | 荷花机场 |
| 牡丹江 | MDG | 海浪机场 | 鄂尔多斯 | DSN | 伊金霍洛机场 |
| 南昌 | KHN | 昌北机场 | 郑州 | CGO | 新郑机场 |
| 南京 | NKG | 禄口机场 | 舟山 | HSN | 普陀山机场 |
| 宁波 | NGB | 栎社机场 | 珠海 | ZUH | 金湾机场 |
| 拉萨 | LXA | 贡嘎机场 | 澳门 | MFM | 澳门机场 |
| 九寨沟 | JZH | 黄龙机场 | 喀什 | KHG | 喀什机场 |
| 常州 | CZX | 奔牛机场 | 榆林 | UYN | 榆阳机场 |
| 呼伦贝尔 | HLD | 东山机场 | 柳州 | LZH | 白莲机场 |
| 运城 | YCU | 关公机场 | 临沂 | LYI | 沭埠岭机场 |
| 威海 | WEH | 大水泊机场 | 洛阳 | LYA | 北郊机场 |
| 德宏 | LUM | 芒市机场 | 腾冲 | TCZ | 驼峰机场 |
| 绵阳 | MIG | 南郊机场 | 赣州 | KOW | 黄金机场 |
| 库尔勒 | KRL | 库尔勒机场 | 长治 | CIH | 王村机场 |
| 伊宁 | YIN | 伊宁机场 | 阿克苏 | AKU | 阿克苏机场 |

续表

| 地名 | 三字代码 | 机场简称 | 地名 | 三字代码 | 机场简称 |
| --- | --- | --- | --- | --- | --- |
| 大庆 | DQA | 萨尔图机场 | 景德镇 | JDZ | 罗家机场 |
| 和田 | HTN | 和田机场 | 台州 | HYN | 路桥机场 |
| 迪庆 | DIG | 香格里拉机场 | 襄阳 | XFN | 刘集机场 |
| 井冈山 | JGS | 井冈山机场 | 赤峰 | CIF | 玉龙机场 |
| 南通 | NTG | 兴东机场 | 大理 | DLU | 大理机场 |
| 台北 | TPE/TSA | 桃园 / 松山机场 | 高雄 | KHH | 小港机场 |

# 附录四 国际主要机场代码

| 国家 | 地名 | 三字代码 | 机场名称 | 国家 | 地名 | 三字代码 | 机场名称 |
| --- | --- | --- | --- | --- | --- | --- | --- |
| 日本 | 东京 | NRT | 成田机场 | 美国 | 纽约 | JFK | 肯尼迪机场 |
| | 东京 | HND | 羽田机场 | | 洛杉矶 | LAX | 洛杉矶机场 |
| | 名古屋 | NGO | 中部机场 | | 芝加哥 | ORD | 奥黑尔机场 |
| | 福冈 | FUK | 福冈机场 | | 旧金山 | SFO | 旧金山机场 |
| | 广岛 | HIJ | 广岛机场 | | 夏威夷 | HNL | 檀香山机场 |
| | 大阪 | KIX | 关西机场 | 新西兰 | 奥克兰 | AKL | 奥克兰机场 |
| | 长崎 | NGS | 长崎机场 | 澳大利亚 | 墨尔本 | MEL | 墨尔本机场 |
| | 松山 | MYJ | 松山机场 | | 悉尼 | SYD | 悉尼机场 |
| | 小松 | KMQ | 小松机场 | | 布里斯班 | BNE | 布里斯班机场 |
| | 冈山 | OKJ | 冈山机场 | | 凯恩斯 | CNS | 凯恩斯机场 |
| | 札幌 | CTS | 新千岁机场 | 法国 | 巴黎 | CDG | 戴高乐机场 |
| | 鹿儿岛 | KOJ | 鹿儿岛机场 | 意大利 | 罗马 | FCO | 菲乌米奇诺机场 |
| | 新潟 | KIJ | 新潟机场 | 俄罗斯 | 莫斯科 | SVO | 谢列梅捷沃机场 |
| | 静冈 | FSZ | 静冈机场 | | 圣彼得堡 | LED | 普尔科沃机场 |
| | 冲绳 | OKA | 那霸机场 | 荷兰 | 阿姆斯特丹 | AMS | 斯希普霍尔机场 |
| 尼泊尔 | 加德满都 | KTM | 特里布万机场 | 捷克 | 布拉格 | PRC | 鲁济涅机场 |
| 斯里兰卡 | 科伦坡 | CMB | 科伦坡机场 | 西班牙 | 马德里 | MAD | 马德里机场 |
| 马尔代夫 | 马累 | MLE | 马累机场 | 英国 | 伦敦 | LHR | 希斯罗机场 |
| 韩国 | 釜山 | PUS | 金海机场 | 德国 | 法兰克福 | FRA | 法兰克福机场 |
| | 大邱 | TAE | 大邱机场 | 印度 | 新德里 | DEL | 甘地机场 |
| | 务安 | MWX | 务安机场 | 印度尼西亚 | 巴厘岛 | DPS | 巴厘岛机场 |
| | 首尔 | ICN | 仁川机场 | | 雅加达 | JKT | 雅加达机场 |
| | 济州 | CJU | 济州机场 | 马来西亚 | 沙巴 | BKI | 哥打基纳巴卢机场 |
| 泰国 | 曼谷 | BKK | 素万那普机场 | | 吉隆坡 | KUL | 吉隆坡机场 |
| | 普吉岛 | HKT | 普吉岛机场 | 柬埔寨 | 暹粒 | REP | 吴哥机场 |
| | 清迈 | CNX | 清迈机场 | | 金边 | PNH | 金边机场 |
| | 甲米 | KBV | 甲米机场 | 越南 | 胡志明市 | SGN | 新山一机场 |

续表

| 国家 | 地名 | 三字代码 | 机场名称 | 国家 | 地名 | 三字代码 | 机场名称 |
|---|---|---|---|---|---|---|---|
| 阿联酋 | 迪拜 | DXB | 迪拜机场 | 菲律宾 | 马尼拉 | MNL | 尼诺依阿基诺机场 |
| 新加坡 | 新加坡 | SIN | 樟宜机场 | | 宿务 | CEB | 麦克坦机场 |
| 加拿大 | 多伦多 | YYZ | 皮尔逊机场 | | 安吉利斯马布拉卡特 | CRK | 克拉克机场 |
| | 温哥华 | YVR | 温哥华机场 | | | | |

# 参 考 文 献

陆东，2016. 民航旅客运输 [M]. 北京：人民交通出版社股份有限公司.
中国标准化委员会，2014. 民用航空旅客运输术语 [M]. 北京：中国质检出版社.
中国民用航空局职业技能鉴定指导中心，2015. 民航客运员基础知识篇 [M]. 北京：中国民航出版社.
中国民用航空局职业技能鉴定指导中心，2015. 民航客运员技能篇（技师、高级技师）[M]. 北京：中国民航出版社.
中国民用航空局职业技能鉴定指导中心，2015. 民航售票员基础知识篇 [M]. 北京：中国民航出版社.
中国民用航空局职业技能鉴定指导中心，2015. 民航售票员技能篇（技师、高级技师）[M]. 北京：中国民航出版社.